이 땅에서도 저 섬에서도

박문규 지음

러시아 블라디보스톡과 사할린, 아프리카와
지금은 통영 여러 섬에서 복음을 전하는
부르신 곳은 어디든 달려간 한 선교사의 순종

북산책

머리말

말씀하시고, 쓰게 하시고, 열매 맺게 하신 주님

"나의 나 된 것은 하나님의 은혜로 된 것이니…" (고린도전서 15장 10절)

하나님은 참으로 신비하시고 놀라우신 분이시다. 글과는 전혀 거리가 멀었던 나 같은 사람에게 글을 쓰게 하시다니, 지금도 믿기지 않는다. 나는 평생 글을 써야겠다는 생각조차 해본 적이 없는 사람이었다. 책을 많이 읽은 것도 아니고, 깊은 사색을 즐기는 이도 아니었다. 그런데 하나님은 그런 나를 부르시고, 글을 쓰게 하셨다.

주님은 내 부족함을 아셨기에 긴 글이 아니라 짧고 단순한 단편들로 기록하게 하셨다. 내가 보고 듣고 느낀 것들, 그날의 감동과 감사, 때로는 아픔과 눈물까지 담게 하셨다. 단어 하나조차 떠올리기 힘들던 내게 주님은 생각나게 하셨고, 문장을 엮게 하셨으며, 결국 전하게 하셨다.

돌아보니 이 모든 것은 내가 한 일이 아니었다. 주님께서 친히 하신 일이었다. 놀랍게도 이 부족한 글들을 통해 교회들이 회복되었고, 절망하던 이들이 소망을 품게 되었으며, 감당할 수 없을 것 같던 빚조차 갚게 되는 은혜를 보았다. 주님은 우리의 형편을 누구보다 잘 아시며 세밀히 돌보시는 신실한 분이시다.

나 같은 자도 들어 쓰시며 당신의 영광을 드러내신다니, 이 얼마나 놀랍고 경이로운 은혜인가!

지금까지 걸어온 모든 길마다 주님의 인도하심이 분명히 있었다. 길이 막힌 날에는 새로운 길을 여셨고, 도움이 끊어진 순간에도 하늘의 손길로 채워주셨다. 눈물 속에서 씨를 뿌리게 하셨고, 침묵 가운데 순종을 배우게 하셨다.

그러나 그 모든 여정은 결국 하나님의 사랑이었고 은혜였으며, 주님께서 친히 써 내려가신 이야기였다.

"너는 마음을 다하여 여호와를 신뢰하고 네 명철을 의지하지 말라. 너는 범사에 그를 인정하라. 그리하면 네 길을 지도하시리라."(잠언 3장 5-6절)

주님이 말씀하시고, 주님이 쓰게 하시고, 주님이 열매 맺게 하셨다. 이 간증집 《이 땅에서도 저 섬에서도》 또한 나의 이야기가 아니라 주님이 친히 써 내려가신 은혜의 기록이다. 나는 그저 작은 도구였을 뿐이며, 지금도 주님은 나의 삶을 통해 당신의 이야기를 써 내려가고 계신다.

이 글을 읽는 이가 있다면, 이 작은 고백이 그의 마음에 작은 불빛이 되어 하나님을 다시 바라보고, 주님께 한 걸음 더 가까이 나아가는 계기가 되기를 간절히 소망한다.

이 모든 영광과 찬양과 감사를 오직 하나님께 올려 드린다. 아멘. 할렐루야!

2025년 9월 1일 통영에서 박문규

주님 말씀과 사랑을 삶으로 실천하며

"하나님은 인생이 아니시니 식언치 않으시고 인자가 아니시니 후회가 없으시도다. 어찌 그 말씀하신 바를 행치 않으시며 하신 말씀을 실행치 않으시랴" (민수기 23:19)

오래 전, 아우 박문규 선교사가 저에게 이 말씀을 보내주었습니다. 그때부터 지금까지 이 말씀은 저의 마음에도 깊이 새겨져 있습니다.

San Francisco에 사는 동생과 Los Angeles에 있는 저와는 물리적으로 멀리 떨어져 있었지만, 하나님 말씀 안에서 우리는 언제나 가까이 있었습니다. 예수님을 인격적으로 만나고 거듭난 이후, 박 선교사는 말씀에 사로잡힌 삶을 살아왔습니다. 말씀을 사랑하고, 그 말씀을 삶에 실천하며 살아가려는 그의 신실한 모습은 형인 저에게도 깊은 도전과 감동을 주었습니다.

그는 어린 시절부터 정이 많았습니다. 길을 가다 불쌍한 사람을 보면 그냥 지나치지 않았습니다. 한번은 "가난한 자를 불쌍히 여기는 것은 여호와께 꾸이는 것이니 그 선행을 갚아 주시리라"(잠언 19:17)는 말씀을 보내주며, 항상 잔돈을 가지고 다니며 거지나 노숙자에게 나누어준다고 고백했습니다. 저도 그 후 그 말씀을 가슴에 품고 실천하며 살려고 애쓰고 있습니다.

그는 매일 마태복음 산상수훈(5~7장)과 요한복음 14장을 읽고 묵상하며 주님과 동행하려 애쓰는 신실한 동역자입니다. 남해안 외로운 통영 섬의 교회들을 찾아다니고, 또 저와 함께 아프리카의 탄자니아와 에티오피아와 그리고 러시아의 사할린까지 복음을 들고 나아갔습니다. 주님의 심부름꾼으로, 늘 묵묵히 걸어온 그의 발걸음은 진정 복된 순례자의 길이었습니다.

미국에서 은퇴한 후에는 아예 통영으로 이사하여 그곳 주민들과 더불어 살며 복음을 전하고 있습니다. 섬에서의 삶은 불편한 점이 많겠지만, 고단함을 기쁨으로 이기며 복음 전도의 씨앗을 뿌리고 가꾸는 그의 땀방울이 이 땅과 하늘에 깊이 새겨지고 있습니다. 그는 그 섬의 누군가의 '선교사님'이 아닌 모두의 '이웃'으로 진심으로 그들을 섬기고 사랑하고 있습니다.

지난해 10월, 사랑하는 아내이자 동역자인 박명숙 선교사를 먼저 천국에 보내고 난 뒤, 그는 더욱 순종과 믿음으로 하루하루를 주님 앞에 드리고 있습니다. 이 책은 그동안 받은 은총에 대한 그의 삶의 고백이자, 주님을 향한 사랑의 기록입니다.

말씀을 삶으로 살아낸 한 사람의 진실한 고백, 그의 걸음과 기도가 이 책을 읽는 모든 이들에게 새로운 믿음의 불을 지피기를 소망합니다.

아우 박문규 선교사를 진심으로 사랑하고 축복합니다.

Los Angeles에서 Michael 박 목사

주님의 종들에게 한 줄기 소망과 빛으로

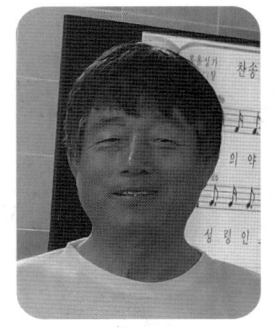

　수년 전 하나님의 인도하심으로 박문규 선교사님께서 죽도교회를 방문하시어, 하나님의 은혜 가운데 1년 6개월 동안 저희와 함께 생활하신 적이 있습니다. 당시 죽도교회와 저희 가정은 열악하고 힘든 상황 속에 있었으며, 삶의 여건이 크게 부족하였습니다.

　그때 박 선교사님께서는 저희 형편을 아시고, 인천 방주교회 박 목사님과 연결해 주셔서 두 차례나 큰 도움을 받을 수 있도록 하셨습니다. 그 은혜로 저희는 물질적인 문제를 해결하고 가난에서 벗어날 수 있었으며, 다시금 사역과 삶을 이어갈 힘을 얻을 수 있었습니다. 그 일은 경제적 지원에 더해 하나님의 사랑과 살아계심을 체험하게 한 은혜의 사건이었습니다.

　특별히 박 선교사님은 1급 장애가 있는 제 딸을 친부모 이상으로 사랑으로 돌보아 주셨습니다. 가족도 친척도 아닌 분이, 딸을 위해 음식을 씹어 주시고 보살펴 주신 것은 하나님의 사랑이 아니면 설명할 수 없는 일이었습니다. 그 섬김은 저와 아내의 마음에 큰 위로와 감동을 주었으며, 잊을 수 없는 은혜로 남아 있습니다.

　또한 딸의 치아가 좋지 않아 수년간 치과 치료를 미루고 있던 사정을 아시고, 선교사님께서 김현범 집사님을 통해 큰 도움을 주셔서 임플란트 치료는 물론 전체적인 치과 치료를 받을 수 있었습니다. 덕분에 딸은 건강을 회복하고 웃음을 되찾았으며, 우리 가정과 목회 사역에도 큰 힘을 얻게 되었습니다.

　이 외에도 박 선교사님을 통해 받은 은혜로운 일화와 감동적인 미담들은 이루다 기록할 수 없을 만큼 많습니다. 그 모든 것은 주님의 사랑을 삶으로 실천하신 선교사님의 헌신의 열매라고 생각합니다. 선교사님은 미국에서의 편안한 삶을 뒤로하고 땅끝 통영에 와서, 외로운 섬 사역자들과 목회자, 사모님들을 위로하고 돕는 일을 묵묵히 감당하고 계십니다.

 이 책을 통해 선교사님의 그동안의 발자취와 간증이 널리 전해져, 섬에서 수고하는 주님의 종들에게 한 줄기 소망과 빛이 되고, 교회와 성도들에게도 깊은 도전과 위로를 주는 귀한 통로가 되기를 기도합니다.

낙도 섬 죽도교회 한광열 목사

부르심 앞에 '예'라고 대답한 발걸음

고등학교 시절부터 함께 한 길을 걸어온 친구로서, 오늘 박 선교사의 발걸음을 축하하며 무엇보다 하나님께 영광을 올린다. 그의 글 솜씨는 날마다 은혜로 풍성해져, 예배의 순간은 물론 가정과 이웃의 마음까지 따뜻하게 적신다. 그가 현장에서 흘린 땀과 눈물, 그리고 기도의 숨결은 문장마다 배어 독자의 심령을 흔들어 일으킨다.

나는 오래전부터 그가 남모르게 보이지 않는 자리에서 소외된 이웃을 돌보는 모습을 보아 왔다. 큰일을 해도 자랑하지 않고, 오직 하늘만 우러르며 묵묵히 서는 사람-그가 곧 박 선교사다. 그는 현장에서 본 것, 들은 것, 겪은 것을 꾸밈없이 기록하며, 그 기록은 우리를 울리고 웃기며 결국 하나님께 감사하게 만든다.

그의 발걸음은 사람의 꿈이 아니라 주님의 부르심을 따라 넓어졌다. 러시아 블라디보스토크와 사할린에서 복음을 증거하고, 아프리카 에티오피아와 탄자니아의 붉은 흙길에서 씨를 뿌리며, 한국 통영의 섬들까지-그는 목회자들을 위로하고, 지친 일꾼들의 손을 붙잡아 다시 일으키며, 복음의 소망을 단단히 전한다. 작은 예배당에서도, 거친 바람 부는 방파제 위에서도, 그는 성령께서 여시는 자리마다 '예'라 대답하며 증인의 길을 걸어간다.

섬 사역의 기록들은 특히 깊은 울림을 준다. 먼저 받은 은혜를 먼저 흘려보내는 그의 삶은 "이것이 복음의 방식"임을 말없이 증언한다. 박 선교사의 글은 순종의 열매다. 고단한 날에도 불평보다 감사를 택하고, 매서운 밤에도 새벽의 소망을 붙드는 사람만이 쓸 수 있는 문장이다.

그래서 그의 기록은 읽는 이를 변화로 이끈다. 그는 목회자와 성도의 아픔에 공감하며 기도로 함께 울고, 말씀으로 다시 세워 간다. 그의 위로는 곧 주님의 위로에서 흘러나오기 때문이다.

 그는 여전히 장벽과 마주하고, 여전히 배를 묶지 않은 어부처럼 새 부르심을 향해 나아간다. 그러나 처음보다 더 겸손하고, 처음보다 더 따뜻하다. 부르신 곳이면 어디든 달려가고, 세우라 하시면 무릎으로 세우며, 나누라 하시면 기쁨으로 나눈다. 길이 멀고 거칠지라도, 그는 결코 혼자가 아니다. 주께서 앞서 가시고, 우리는 그 뒤에서 기도로 그의 등을 민다.

 박 선교사여, 당신의 기록과 순종이 많은 이들에게 믿음의 등불이 되었다. 러시아의 항구와 만주 벌판에서, 아프리카의 붉은 흙길에서, 통영의 푸른 섬들에 이르기까지 주께서 펼치신 지경 위에 더 큰 위로와 기쁨이 임하기를 축원한다. 주님께서 당신의 앞길을 지키시고, 함께한 모든 이들의 수고 위에 은혜를 더하시길 기도한다. 오늘의 축하가 지나간 뒤에도 우리는 당신의 다음 이야기를 기대하며 같은 자리에서 마음 다해 응원한다. 끝까지, 부르심 앞에 '예'라 대답하는 그 발걸음을 주께서 견고히 하시리라 믿는다.

이찬기 화백

목차

머리말

말씀하시고, 쓰게 하시고, 열매 맺게 하신 주님   2

추천사

Michael 박 목사 : 주님 말씀과 사랑을 삶으로 실천하며   4
한광열 목사 : 주님의 종들에게 한 줄기 소망과 빛으로   6
이찬기 화백 : 부르심 앞에 '예'라고 대답한 발걸음   8

제 1 부 | 말씀과 기도로 사는 삶

나눌수록 풍성해지는 은혜의 법칙   18
말씀은 주님과의 대화   19
끊임없는 교제의 기쁨   19
말씀은 곧 하나님이시다   21
주님께 'All in' 한 사람들   22
기도 습관이 여는 하늘 문   23
말씀 안에서 만난 영원한 생명   24
주님 앞에 설 날을 준비하며   26
기뻐하라, 기도하라, 감사하라   27
하나님 뜻 안에 살려면   28
말씀을 믿고 순종하며 사는 길   29
믿음은 말씀에서 난다   30
말씀에 순종할 때 나타나는 능력   31
감사는 천국의 언어   33
작은 습관 속 큰 순종   34

제 2 부 | 국경을 뛰어넘는 복음의 빛

정수영 선교사님의 다울족 30년 사역	38
에티오피아 고아원 학교의 기도	39
예기치 못한 상황에도 지켜주신 주님	41
백세 재향군인과 빵을 위한 기도	42
아내 Susan을 기념하는 'Bread of Life House'	43
러시아 수로보니게 여인의 기도	44
헷갈린 찬양 속 기쁨 가득한 예배	46
충성된 주의 병사 김영원 선교사	47
천사가 인도한 교회	48
주님 잔치를 여는 식당이 되길	49
문명 저 편 철창 안 병원	50
목숨 걸고 얻은 지혜	52
멸치 형님과의 감사한 저녁	53
멀쩡히 눈 뜨고 빼앗긴 모자	54
혼란스러운 러시아 글자	55
기다리는 법을 배우며	56
가난한 이웃들을 주님 날개로	58
열악한 러시아 병원	59
전도의 기회는 어디서나	60
기도로 버텨 기적으로 채운 집	62
파라자 장애고아원 가는 길	63
탄자니아 프로젝트를 축복하며	65
에티오피아에 임재하신 주님	66
러시아 모기에게 배운 지혜	67

목차

제 3 부 | 성령의 단비를 내려주소서

주님만 의지하고 가는 길	72
주님이 기뻐하시는 사역	73
믿음의 선조 박해병 장로님	75
판단은 주님께 속한 것	76
넘치는 기도와 감사의 비밀	77
주님 뜻대로 행하는 자라야	79
하나님과 이어가는 교제	80
정직이를 위한 발걸음	80
염려 대신 기도로	82
선교사 손 잡아준 이찬기 화백	83
낮은 자리에서 헌신해야 맺히는 열매	84
천국에 보물을 쌓는 삶	86
거제도 장안교회 서승조 목사님	87

제 4 부 | 외딴 섬에 새긴 복음의 씨앗

비진도 40년 사역 김덕조 목사님	92
장호원 베데스다 교회 20년 식구들	93
도산교회 김용진 목사님	94
주께 모두 드리는 믿음의 사람들	95
우리 형편을 아시는 주님	97
47년 사는 동안 배운 아버지의 방식	98
40년 복음 심은 정광섭 목사 부부	99
'사랑이 넘치는 교회' 지키는 최경숙 전도사님	100
모든 것이 은혜, 은혜로다	102

갈 곳 없는 주님 종들에게 안식처를 　　　　　　　　　103
연대도 산성교회를 지킨 김치관 목사님 　　　　　　　105

제 5 부 | 주님의 의를 붙들고

네 영혼을 팔려느냐? 　　　　　　　　　　　　　　　110
영혼의 생명력을 회복하는 대화 　　　　　　　　　　111
놀랍고도 신기한 주님의 은혜 　　　　　　　　　　　112
잊혀지지 않는 섬, 잊혀지지 않는 영혼 　　　　　　　113
흑일도에서 배운 교훈 　　　　　　　　　　　　　　114
주는 자가 복이 있다 　　　　　　　　　　　　　　　115
죽도 사람들의 삶은 곧 간증 　　　　　　　　　　　　116
작은 자를 돌보는 일은 주님 섬기는 일 　　　　　　　118
어둠을 빛으로 바꾸신 하나님 　　　　　　　　　　　119
사업가에서 주의 종으로 부르심 받은 이 화백 　　　　120
어두운 터널 지나는 사량도 이태숙 사모님 　　　　　121
콩팥 팔려는 날 들린 음성 　　　　　　　　　　　　122

제 6 부 | 말씀으로 뿌리내린 사람들

기도로 사는 김경희 집사님 　　　　　　　　　　　　126
말씀대로 사는 용삼이 할아버지 　　　　　　　　　　127
주님 앞에 드릴 한 마디 　　　　　　　　　　　　　128
하나님도 외면치 못한 기도 　　　　　　　　　　　　130
순종이 열어준 주님의 응답 　　　　　　　　　　　　131
하나님과의 직통 전화 　　　　　　　　　　　　　　133
화도교회 작은 등불 신수연 전도사 　　　　　　　　134

목차

여덟 살 전도자 하결이	135
고난 속에 지켜낸 믿음	137
성경 읽는 믿음의 어머니	138
하나님이 쓰시기에 딱 좋은 그릇	139
주님이 보내주신 천사 같은 동역자	141
하늘에 쌓는 박보영 목사님 예물	142
죽음의 문턱서 살아난 박금자 권사님	143
부활의 소망을 붙잡고	144
보길도 동광교회 변상호 목사님	145
동광교회 정정순 할머니	147
흑일도 교회 짓기	149

제 7 부 | 천국을 사모하게 하소서

하나님을 사랑하고 두려워해야 하는 이유	154
천국과 지옥은 있다	155
회개는 하나님의 명령	156
용서는 천국을 여는 문	157
용서와 나눔은 천국으로 가는 길	158
주님이 맡기신 사명	159
말씀은 천국으로 가는 길	160
흑일도를 지킨 여종 최경숙 전도사	162
병상에서 깨달은 천국 비밀	164
말씀의 씨앗을 뿌리며	166

제 8 부 | 측량할 수 없는 주님의 사랑

빈손에 채우신 주님의 은혜	170

친구들에게 전할 복음의 씨앗	171
길목마다 동행하신 주님의 은혜	173
예비하신 아파트, 예비하신 은혜	174
글을 쓰게 하신 주님의 계획	176
끝날까지 주님을 기쁘시게	177
말씀 위에 선 삶	178
헌신의 열매 김용진 목사님	180
주님이 보내주신 세 천사	181
축복이를 통한 주님의 위로	183
십자가 길을 걷는 죽도 사모님	185
하나님의 특별한 은총	187
여행 끝에 주신 깨달음	188
나눔의 열매 뽈락 선생	190
비를 그치게 하신 주님	192
말씀 붙잡고 은혜로 걸어온 12년	193
주님 음성에 귀 기울이며	195

Global Bride Ministries(GBM) 사역

마이클 박 목사의 신부 사역	198
'숨겨진 요셉의 창고' 비전	199
이 땅에도 저 섬에도 흘러가는 복음	201

에필로그

은혜의 통로로 세워주신 박보영 목사님	204

선교지 사역의 현장   206

제1부
말씀과 기도로 사는 삶

나눌수록 풍성해지는 은혜의 법칙

말씀은 주님과의 대화

끊임없는 교제의 기쁨

말씀은 곧 하나님이시다

주님께 'All in' 한 사람들

기도 습관이 여는 하늘 문

말씀 안에서 만난 영원한 생명

주님 앞에 설 날을 준비하며

기뻐하라, 기도하라, 감사하라

하나님 뜻 안에 살려면

말씀을 믿고 순종하며 사는 길

믿음은 말씀에서 난다

말씀에 순종할 때 나타나는 능력

감사는 천국의 언어

작은 습관 속 큰 순종

제 1 부
말씀과 기도로 사는 삶

📖 나눌수록 풍성해지는 은혜의 법칙

> 네 시작은 미약하였으나 네 나중은 심히 창대하리라."(욥 8:7)

주님께서 내게 주신 중요한 교훈은 이것이다. "우리가 하나님을 믿고 하나님을 '내 안에' 모셨다고 고백하면서도, 그 하나님을 다른 사람에게 전하지 않는다면, 그분은 우리 마음속에서 점점 희미해질 수 있다." "하나님을 원한다면, 하나님을 전하라."는 주님의 이 말씀은 영적 세계의 법칙으로, 전하면 더 깊이 소유하게 되고 나누면 더 풍성히 채워진다. 반대로 간직만 하려 들면, 결국은 빼앗기고 메마르게 된다. 이는 물질과도 다르고 지식과도 다르다. 하나님의 임재와 복음의 기쁨은 나눌수록 커지고 줄수록 넘친다. 나는 이 사실을 삶으로 배웠고, 지금도 이 말씀을 기준 삼아 살고 있다. 전도는 내가 믿는 하나님을 '밖으로 드러내는 행위'이며, 주님께서 내 안에 머물 수 있도록 하는 '영적 호흡'과도 같다. 복음을 전할 때, 나는 다시 처음 사랑을 되새기게 되고, 하나님은 그때마다 내 안에 더 깊이 임재하신다.

> "주님, 주님을 전할수록 더 깊이 누리고, 나눌수록 더 풍성히 채워지는 은혜의 법칙 안에 살게 하소서."

📖 말씀은 주님과의 대화

> "주의 율법을 즐거워하여 그의 율법을 주야로 묵상하는도다."(시 1:2)

나는 내 삶의 리듬이 되고 고백이 된 이 말씀을 수십 년째 습관처럼 중얼거리며 살아왔다. 말씀을 읊조릴 때마다 "주님, 주님과 항상 대화하기를 원합니다."라고 고백하곤 한다. 그러나 바쁜 일이 생기면 언제 그랬냐는 듯 금세 주님과의 대화를 잊어버리고, 한참이 지난 뒤에야 "아, 내가 주님과 이야기하다 말았지." 하고 깨닫는다. 그때 다시 주님과 대화를 이어가려 하면 성령께서는 내 마음 깊이 알게 하신다. 바로, 말씀이 곧 하나님이시기에 내가 하나님의 말씀을 중얼거리는 것 자체가 주님과의 대화라는 사실이다. 그래서 성경은 말씀하신다.

"오직 여호와의 율법을 즐거워하여 그의 율법을 주야로 묵상하는 자로다"(시 1:2) "이 율법책을 네 입에서 떠나지 말게 하며, 주야로 그것을 묵상하라"(수 1:8) 묵상이란 단지 생각만 하는 것이 아니라, 입술로 고백하고, 마음으로 새기며, 말씀과 함께 주님을 마주하는 일임을 깨닫게 되었다.

> "주님, 제 입술에 항상 주의 말씀이 머물게 하시고, 그 말씀 속에서 주님과 늘 동행하게 하소서."

📖 끊임없는 교제의 기쁨

> "항상 기뻐하라. 쉬지 말고 기도하라. 범사에 감사하라. 이것이 그리스도 예수 안에서 너희를 향하신 하나님의 뜻이니라."(살전 5 16~18)

주님은 하늘 보좌에만 계신 분이 아니라, 내 안에 거하시고 우리 삶의 현장 가운데 계신다. 문제는 그 주님을 실제로 믿고, 의지하고, 감사하고, 고백하며 사느냐는 것이다. 주님이 내 안에 계시는데도 우리는 반응 없이 살아가기 쉽다. 그러나 다윗은 달랐다. 그는 끊임없이 주님을 자기 앞에 모셨고, 의지했고, 높였고, 사랑했고, 찬양했고, 감사했다. 그래서 주님께서 다윗을 기뻐하셨다. 주님은 오늘도 우리에게 "끊임없는 반응"을 원하신다. 아무 일이 없더라도 주님을 부르고, 생각하고, 속삭이고, 중얼거리는 그 모든 순간을 기뻐하신다. "은혜는 자동으로 오는 것이 아니다." 만복의 근원이신 주님께 반응할 때, 우리는 하늘 창고를 열어 쓰는 자가 된다.

주님이 제일 기뻐하시는 일은 "종일토록 나와 이야기하는 것"이다. 조용히 중얼거리든, 찬양하든, 말씀을 읊조리든, 기도하든, 쉬지 않고 주님께 반응하는 자를 주님은 사랑하신다. 에녹도, 다윗도 그 원리를 알았기에, 그들은 주님을 생각했고, 말씀과 기도로 걸었고, 늘 주님 앞에서 마음과 입술을 열어 교제했다. 말씀 묵상도 교제이고, 기도도 교제이다. 찬양도, 고백도, 삶 속의 모든 순간도 결국 핵심은 한 가지이다. "주님을 놓치지 말라."

사람은 자기를 기억해주는 사람을 기뻐하듯이, 주님도 우리가 그분을 생각으로, 말로, 행동으로 높일 때 기뻐하신다. 무시로 기도하자. 깨어서 기도하자. 새벽을 깨워 기도하자. 그 모든 순간이 주님을 향한 반응이요, 하늘에 복을 쌓는 시간이다.

> "주님, 제 마음과 입술, 삶의 모든 순간에 거하시니 감사합니다. 제가 언제나 주님께 반응하며, 주님을 기쁘시게 하는 자로 살게 하소서."

말씀은 곧 하나님이시다

> "태초에 말씀이 계시니라. 이 말씀이 하나님과 함께 계셨으니 이 말씀은 곧 하나님이시니라."(요 1:1)

오래 전, 요한복음 1장 1절 말씀을 1년 동안 날마다 읽고 묵상한 적이 있다. 그 말씀은 날마다 마음에 감동과 깨달음을 주시며 내 안에 살아 역사하셨다. 얼마 전, 주님께서 "말씀이 곧 하나님이시다."라는 그때의 묵상과 은혜를 기억나게 해주셨다. 하나님의 말씀 앞에서는 예수님조차도 마음대로 하실 수 없는, 절대적인 권위와 질서가 있다는 것을 깊이 알게 되었다.

요한복음 12장 47~50절에서 예수님은 이렇게 말씀하셨다. "내가 너희를 심판하러 온 것이 아니요, 나의 한 그 말이 마지막 날에 너희를 심판하리라… 나는 아버지의 명령이 곧 영생인 줄 아노라." 또한 요 12:27은 이렇게 말씀한다. '내 마음이 괴로우니 무슨 말을 하리요? 아버지여, 나를 구원하여 이 때를 면하게 하옵소서. 그러나 내가 이를 위하여 이때에 왔나이다." 이 말씀은, 예수님도 십자가 고난과 죽음을 피하고 싶으셨지만, 하나님이신 말씀 앞에서는 그 뜻을 거스를 수 없으셨다는 점이다. 말씀은 하나님이시며 하나님의 뜻이다. 그러므로 말씀대로 살지 않은 자, 하나님의 뜻을 따르지 않은 자는 예수님을 믿는다고 하여도 심판에서 자유로울 수 없다. "나더러 '주여 주여' 하는 자마다 다 천국에 들어갈 것이 아니요, 다만 하늘에 계신 내 아버지의 뜻대로 행하는 자라야 들어가리라."(마 7:21) 우리가 말씀대로 살지 않으면, 주님조차도 우리를 지옥에서 건지실 수 없음을 성경은 엄숙하게 경고하고 있다. "대저 하나님의 모든 말씀은 능치 못하심이 없느니라."(눅 1:37)

> "주님, 주님 말씀은 살아 있고 능력이 있으며, 마지막 날 우리의 삶을 심판할 기준인 것을 깨닫게 하시니 감사합니다."

주님께 'All in' 한 사람들

> "네 마음을 다하고 목숨을 다하고 뜻을 다하고 힘을 다하여 주 너의 하나님을 사랑하라 하신 것이요"(막 12:30)

얼마 전 복음서를 읽을 때, 그 안에서 영생에 관한 말씀과 주님께서 하라고 하신 것, 하지 말라고 하신 중요한 말씀들을 노트에 기록하라는 강한 주님의 권면을 느꼈다. 나는 그 감동에 따라 윗셔츠 주머니에 쏙 들어가는 작은 수첩을 준비하고, 매일 말씀을 읽을 때마다 반복되는 구절이라도 빠짐없이 기록했다. 그러자 주님께서는 같은 말씀일지라도 날마다 새로운 깨달음을 주셨다.

성경에서 주님을 가장 사랑한 사람은 누구일까? 다윗과 아브라함도 하나님을 깊이 사랑했지만 동시에 두려워했다. 그러나 요한은 달랐다. 마치 열두 자녀를 둔 아버지가 막내에게만은 꼼짝없이 항복하듯, 그는 열두 제자 중에서도 예수님의 무릎에 기대 누울 만큼 특별히 사랑받은 제자였다. 요 13장에서 주님께서 "너희 중 하나가 나를 팔리라" 하셨을 때, 모두 두려워 침묵하는 순간에도 베드로조차 요한에게 눈짓하며 "주께 여쭈어 보라"고 할 정도였다. 그런 요한이 계시록 1:17에서 주님을 다시 만난 장면이 나온다. 제자들은 모두 순교했고, 밧모섬에 홀로 남겨진 요한은 얼마나 외롭고 주님을 그리워했을까? 그런데 오랜 기다림 끝에 다시 만난 주님은 너무도 두려운 영광의 모습으로 임하셨다. "내가 그 발 앞에 엎드러져 죽은 자 같이 되매…" 가장 사랑 받았던 요한조차 주님 영광 앞에 서는 두려워 떨며 엎드러졌다. 하물며 우리는 어떠하겠는가?

4복음서를 읽으면 읽을수록 깨닫게 되는 것은, 그 말씀 속 인물들이 모두 주님께 'All in' 했다는 사실이다.

> "주님, 저의 목숨과 뜻과 시간 모두를 다 바쳐 주님만 사랑하게 하여 주시옵소서."

기도 습관이 여는 하늘 문

> "쉬지 말고 기도하라"(데전 5:17)

나는 최근에 만나는 모든 사람들을 위해 마음속으로 짧게 기도하는 버릇이 생겼다. 너무도 간단하지만 내 삶을 바꾼 놀라운 습관이다. 어떤 일을 하다가도 문득 누군가가 떠오르면 그 사람을 위해 기도한다. 이 단순한 행동을 삶의 습관으로 삼으니, 나의 일상이 천국으로 변해가는 듯하다. "주님, 저 사람을 축복해 주세요." "저 분 삶 가운데 주님의 평강이 머물게 해주세요." 짧은 기도지만, 기도는 결국 '하나님 앞에 사람을 올려드리는 일'이다. 그렇게 하나님께 올려드릴 때 내 마음에는 하늘 문이 열린다. 주님께서 명령하신 "쉬지 말고 기도하라"는 말씀을 실천하니, 매일의 기도가 하나님과 내 삶을 잇는 끈이 되었다. 놀라운 것은 기도로 사람들을 하나님께 인도할 때 내 안에 평안이 임하고, 주님께서 주시는 힘이 솟으며, 세상 걱정과 염려가 사라진다는 사실이다. 뿐만 아니라, 기도를 통해 하나님의 능력이 실제로 나타나는 것을 본다. 단지 마음으로 기도했을 뿐인데, 하나님의 손이 그 사람의 삶 가운데 역사하시는 것을 목격하는 것이다. 기도는 하나님과의 연결이며, 이 땅을 하늘과 이어주는 다리다. 우리가 이 습관을 붙잡을 수 있다면, 우리의 하루하루는 하늘을 걷는 삶이 될 것이다.

> "주님, 우리에게 항상 기도하는 습관을 주시고, 기도 속에 역사하시는 주님의 능력을 보게 하여 주시옵소서."

📖 말씀 안에서 만난 영원한 생명

> "누구든지 하나님의 뜻을 행하려 하면 이 교훈이 하나님께로부터 왔는지 내가 스스로 말함인지 알리라"(요 7:17)

내가 미국에서 한국으로 돌아오기 전, 성탄절을 며칠 앞둔 날이었다. 아는 분이 세상을 떠나 샌프란시스코 시내에 있는 장례식장에 다녀왔다. 장례를 마친 후 오랜 친구와 커피숍에 들러 차를 나누었다. 그 친구는 나의 미국 이민 초기, 40년 전부터 알고 지낸 동갑내기였다. 나는 그에게 조심스레 말했다. "이제 교회에 나가고 예수님을 믿어야지." 그러자 그는 웃으며 대답했다. "그래, 이제 나이도 먹었으니 곧 나갈게." 그러나 정확히 한 달 후, 나는 그를 자동차 사고로 세상을 떠나 관 안에 누워 있는 그의 장례식장에서 다시 만났다. 불과 한 달 전 그와 함께 했던 바로 그 공간에서 마지막 인사를 나누며, 생명의 주인이신 하나님만 아시는 보잘것없는 우리의 모습을 다시금 깨달았다.

우리가 예수님을 믿는 이유는 죽음이 끝이 아님을 알기 때문이다. 만약 죽음이 전부라면, 이천 년 기독교 역사 속에 순교하고 고난받은 수많은 사람들은 얼마나 어리석은 자들이었겠는가? 그러나 오늘도 지구 어딘가에서, 예수님을 믿는다는 이유로 목숨을 내어놓는 이들이 있다. 그렇기에 믿는 사람조차도 스스로에게 물어야 한다. '정말 하나님이 살아 계신가? 내가 죽은 뒤 그분이 나를 심판하신다면, 나는 그 앞에서 어떻게 할 것인가?'

내가 미국에 이민해 교회에 출석할 무렵, 상항제일침례교회 윤영준 목사님은 자주 천국과 지옥에 대해 설교하셨다. 어느 날 그 말씀을 듣던 중 내 마음에 큰 울림이 찾아왔다. '만약 천국과 지옥이 실제로 존재한다면? 만약 죽음 이후에도 삶이 계속된다면?' 그렇다면 이것은 결코 가볍게 넘길 일이 아니라는 확신이 생겼다. 나의 영원한 생명이 달린 문제인데, 이것을 누군가에게 맡길 수는 없었다. 직접 확인해야 한다는 결심이 들었다. 지금 생각하면 그것이 내 인생에서 가장 지혜롭고 복된 선택이었다. 주님께서 나를 사랑하셔서 그러한 결심을 주셨음을 안다.

나는 기도하며 성경을 읽기 시작했다. "주님, 저는 주님을 모릅니다. 제 머리로는 하나님을 이해할 수 없습니다. 그러니 제가 성경을 읽을 때, 정말 주님이 살아 계시다면 저를 만나 주시옵소서." 그렇게 기도하며 성경을 세 번쯤 읽었을 때, 요한복음 14장을 매일 읽고 싶다는 갈망이 생겼다. 그리고 곧 '예수님을 믿는다면 반드시 알아야 할 말씀'이라는 마음이 주어져 마태복음 5, 6, 7장을 읽기 시작했다. 그 후 지금까지 나는 30년 넘게 요한복음 14장과 마태복음 5, 6, 7장을 매일 읽고 있다. 강원도 예수원의 대천덕 신부님도 가족이 모일 때마다 요 14장을 읽었다고 하신다. 나 역시 그 말씀을 통해 성경이 하나님 말씀임을 확신하게 되었고, 그 말씀이 믿어지는 은혜를 누리게 되었다. 물 위를 걷고, 죽은 자를 살리신 이야기조차 믿어지게 된 것이다. 우주 만물을 창조하신 하나님이라면 무엇인들 못하시겠는가? 믿기 어려웠던 것들이 믿어지고, 깨달아지는 것도 주님의 은혜요 인도하심이다.

성경은 하나님께서 우리에게 주신 약속의 말씀이다. 그 말씀을 믿고 따라 사는 사람에게는 살아 역사하시는 하나님의 약속이 이루어진다. 만약 하나님께서 약속을 하시고도 지키지 않으신다면, 어찌 하나님이라 할 수 있겠는가? 성경은 분명히 말씀하신다. "누구든지 하나님의 뜻대로 행하려 하면 이 말씀이 하나님께로부터 왔는지, 사람에게서 온 것인지 스스로 알게 되리라."(요 7:17)

> "주님, 말씀대로 사는 자만이 하나님을 알고, 주님의 기쁨이 되는 자임을 알게 하시니 감사합니다."

주님 앞에 설 날을 준비하며

> "나를 사랑하는 자는 내 말을 지키리니 내 아버지께서 그를 사랑하실 것이요 우리가 그에게 가서 거처를 그와 함께 하리라."(요 14:23)

나는 가끔 이런 생각을 한다. "만일 지금 내가 주님의 심판대 앞에 선다면 어떤 마음이 들까?" 아마도 반은 두렵고, 반은 기대가 될 것이다. 두려운 이유는 다시는 기회가 없는, 재심도 변명도 통하지 않는 마지막 심판, 오직 진리 앞에 서는 순간이기 때문이다. 그때 주님은 내게 물으실 것이다. "너는 나를 사랑했느냐?" 그때 만일 주님이 "나는 너를 모른다." 하시면 어쩌나 하는 두려움이 있다. 그러나 한편으로는 "그동안 수고했다."라는 칭찬을 들을 수 있지 않을까 하는 기대와 소망도 있다. 언제 주님 앞에 서게 될지 모르기에, 나는 그 물음 앞에 당당히 대답할 수 있도록 늘 준비하며 살아가려 한다. 요 14장에서 주님은 "나를 사랑하는 자는 내 계명을 지키는 자니라."고 세 번이나 반복해 말씀하신다. 주님은 결코 거짓말을 하지 않으시며, 한 번 하신 말씀은 반드시 이루신다는 믿음이 내 중심을 붙들고 있다. 그러기에 나는 말씀에 순종하며 살아가는 것이 곧 주님을 사랑하는 길임을 더욱 확신하게 된다.

> "주님, 제가 주님 앞에 서는 날, '주님을 사랑했습니다.'라고 담대히 고백할 수 있도록 도와주시옵소서."

기뻐하라, 기도하라, 감사하라

> "항상 기뻐하라. 쉬지 말고 기도하라. 범사에 감사하라. 이는 그리스도 예수 안에서 너희를 향하신 하나님의 뜻이니라."(데전 5:16~18)

하나님의 말씀은 성경, 선포된 말씀, 꿈과 환상, 간증 등 여러 방식으로 다양하게 주어진다. "기뻐하라", "기도하라", "감사하라"는 말씀은 주님의 음성을 밝히 듣는 조건이다. 기도할 때와 하지 않을 때는 확연히 다르다. 기도하지 않으면 말씀을 들어도 분별하지 못하지만, 기도하면 심령이 깨끗해져 말씀을 깨닫고 속지 않게 된다. 기도하면 기도 중에 주님께서 주시는 교훈과 위로를 듣게 된다. 기도는 곧 하나님과의 대화이다.

우리가 주님 앞에 나아가는 목적은 주님을 만나기 위함이다. 예수님 당시 군중들이 주 앞에 나아왔듯, 우리도 오늘 주님께 나아간다. 예수님 당시에는 얼굴을 직접 뵐 수 있었지만 지금은 성령께서 임재하시므로, 믿음과 은혜, 경건한 생활로 주님을 만나야 한다. "기뻐하라", "기도하라", "감사하라"에 순종할 때 성령께서 역사하시며, 주님께서 더 자주, 더 강하게, 더 친밀하게 만나주신다. 기도와 감사도 분량이 차야 역사가 일어난다. 충만하고 넘칠 때 하나님의 응답이 임한다. 복을 받으려면 기도의 그릇이 차야 한다. 무성의한 기도에는 응답이 없다. 힘써 기도해야 한다. 감사도 형식적인 감사가 아니라 넘치는 감사여야 한다. 원망할 수밖에 없는 상황에서도 충만하게 감사해야 한다.

기도원이나 수련회에서 성령의 역사가 강하게 일어나는 이유는, 모여서 넘치도록 기도하고 찬양하고 말씀을 받기 때문이다. 하나님께 대한 태도는 몸과 마음과 뜻과 성품과 힘과 열심을 다해야 한다. 주를 위한 수고는 결코 헛되지 않는다. 주님은 우리의 믿음을 보시며, 그 믿음대로 반드시 보상하신다. 자녀의 앞날도, 우리의 앞날도 걱정으로 해결되지 않는다. 신앙은 각자 믿고 행한 대로 결판난다. 우리의 앞날은 지금의 행위에 의해 결정된다. 심은 대로 거두는 것이 성경의 원리이다. 진정한 복, 친밀한 복은 주님과 맺은 관계의 친밀함만큼 주어진다. 말씀을 자기 마음대로 인용하거나 한 구절로 전체를 해석하는 것은 위험하다. 말씀은 바르게 알고 적용해야 한다. 우리의 믿음은 심판대와 영원까지 이어진다. 은혜로 구원받았으니, 그 이후는 주께 합당하게 살아야 한다. 어렵든 평안하든 신앙생활은 오늘 심는 일이다. 과거에 부족하게 심었다면 회개하고 지금 더 많이 심어야 한다. 오늘의 신앙은 단순한 누림이 목적이 아니다. 본질은 영원을 심는 것이다. 넘치도록 열심히 주님을 섬기면, 주님께서도 필요한 역사와 응답을 주시고, 환난의 때에 보호하시며, 그 마음에 주님을 기쁘게 한 자에게는 풍성한 소원을 이루어 주신다. 구하는 것과 생각하는 것에 더 넘치도록 역사하신다.

> "주님, 항상 기뻐하며 쉬지 않고 기도하고 범사에 감사하는 삶을 살게 하옵소서. 제 마음을 깨끗하게 하셔서 주님의 음성을 분별하게 하시고, 주님과 늘 친밀히 동행하게 하옵소서."

하나님 뜻 안에 살려면

> "항상 기뻐하라. 쉬지 말고 기도하라. 범사에 감사하라...."(데전 5:16~18)

내가 이 말씀을 중얼거리는 습관이 된 지 오래 되어, 눈만 뜨면 이 말씀이 입에서 절로 나오고 아무 때나 중얼거린다. 설교를 듣고 성경을 몇 번 읽었다고 말씀대로 살 수 있게 되는 것은 아니다. 오직 주님 말씀을 사랑하여 그 말씀이 내 입에 있고, 말씀으로 마음 깊은 곳까지 채워져 있을 때라야 비로소 말씀대로 살 수 있는 길이 열린다. 데살로니가전서 5:16~18 말씀은 천국에 들어갈 수 있는 중요한 말씀이다. 성경에서 "이것이 하나님의 뜻이라."는 표현을 이렇게 분명하게 기록한 말씀은 이 구절뿐이다. "나더러 주여 주여 하는 자마다 다 천국에 들어갈 것이 아니요, 다만 하늘에 계신 내 아버지의 뜻대로 행하는 자라야 들어가리라."(마 7:21) "대저 하나님의 모든 말씀은 능하지 못하심이 없느니라."(눅 1:37)

> "주님, 주님의 뜻과 귀한 말씀들을 깨닫게 해주시니 감사합니다."

말씀을 믿고 순종하며 사는 길

> "오직 그 말씀이 네게 심히 가까워서 네 입에 있으며 네 마음에 있은즉 네가 이를 행할 수 있느니라."(신명기 30:14)

하나님 말씀대로 살아보면 성경이 참으로 하나님 말씀인지, 아니면 사람이 만들어낸 말인지 깨닫게 된다. 하지만 원래 사람은 죄로 인해 말씀대로 살 수 없는 존재로, 실제로 하나님 말씀대로 산다는 것은 결코 쉬운 일이 아니다. 예수님은 마태복음 6장 14~15절에서 이렇게 말씀하신다. "너희가 사람의 잘못을 용서하면 너희 하늘 아버지께서도 너희를 용서하시려니와, 너희가 사람의 잘못을 용서하지 아니하면 너희 아버지께서도 너희의 잘못을 용서하지 아니하시리라." 어떻게 우리가 원수를 용서하고, 심지어 사랑할 수 있단 말인가? 부부 사이도 친구 사이도 용서 못하는데, 원수까지 용서하라는 말씀은 인간의 힘으로는 절대 감당할 수 없다. 그래서 우리는 성령님의 도우심이 필요하다. 그래야만 하나님 말씀대로 살 수 있다. 성령님 도우심을 받기 위해서는 먼저 진리의 말씀이 우리 마음속 깊이 새겨져야 한다. 하나님은 신명기 30장 14절에서 "오직 그 말씀이 네게 심히 가까워서 네 입에 있으며, 네 마음에 있은즉 네가 이를 행할 수 있느니라."

하셨다. 말씀이 우리 안에 있을 때 우리는 그 말씀을 따라 살아갈 수 있다. 믿는 사람은 믿기 때문에 믿는 대로 행할 수 있다. 하지만 창세기 1장 1절, 요한복음 1장 1절부터 믿지 않는다면 어떻게 성경 전체를 믿을 수 있고 믿는 대로 살아갈 수 있겠는가?

> "주님, 주님 말씀을 깨닫게 하시고, 믿게 하시고, 순종하며 살아가도록 은혜를 베풀어 주시옵소서."

믿음은 말씀에서 난다

> "그러므로 믿음은 들음에서 나며, 들음은 그리스도의 말씀으로 말미암았느니라."(롬 10:17)

성경이 진리라면, 영원히 변치 않고 쓰여진 대로 이루어져야 한다. 세상에 존재하는 모든 것들은 영원하지 않고, 쓰여진 대로 이루어지지도 않는다. 성경에는 믿음이라는 말이 자주 나와서, 믿음이 있으면 영생을 얻고 병도 나을 수 있고 모든 것을 할 수 있다고 기록되어 있다. 성경은 진리의 하나님, 진리의 성령님, 진리의 말씀, 그리고 예수님이 곧 진리이심을 증언하며, "진리를 믿음으로 영생을 얻는다."고 하신다. 성경은 영원히 변치 않으며, 하나님께서 하신 말씀들이 모두 이루어졌다는 사실도 알 수 있다.

그래서 예수님께서도 "너희가 나를 믿지 못하겠거든, 내가 말한 것이 이루어지는 것을 보고 믿으라."고 하셨다. 또한 예수님은 "내가 올 때 세상에서 믿음을 보겠느냐?"라고 물으신다. 믿는 사람들이 그만큼 적다는 것이다. 그러면 도대체 어떻게 해야 믿어질 수 있을까?

성경을 보면 여호수아나 베드로 같이 수많은 기적을 체험하고도 믿지 못했다. 여호수아 1장은 이스라엘 백성들을 데리고 가나안 땅에 들어가라는 명령을 받은 여호수아가 수많은 기적을 보고도 떨고 있었다. 하나님께서는 그에게 "강하고 담대하라."는 말씀을 세 번이나 하시며, "내가 너와 함께 하겠다. 너를 대적할 자가 없을 것이다."라고 하셨다.

베드로도 마찬가지로, 그는 많은 예수님의 기적을 보고 자신도 물 위를 걷는 기적을 체험했지만 결국 예수님을 세 번이나 부인했다. 그만큼 믿기 어렵지만, 성경은 믿음을 "하나님 말씀을 들음으로 생긴다."고 하신다. 결국은 하나님께서 주신 말씀을 듣고, 하나님 말씀대로 살아야 믿음이 자란다. 나는 성경을 믿어보려고 처음엔 먼저 창세기 1장 1절과 요한복음 1장 1절을 눈에 잘 띄는 곳에 붙여놓고, 볼 때마다 내 귀에 들리도록 소리 내어 읽었다. 믿어지는데 1년, 2년? 어쩌면 더 일찍 생길 수도 있고, 더 오랜 시간이 걸릴 수도 있다. 그러나 때가 되면 하나님께서 말씀하신 모든 성경 말씀이 마음에 믿어지는 날이 오게 된다.

> "주님, 주님께서 약속하신 말씀들이 반드시 이루어지는 것을 믿게 해 주시옵소서."

말씀에 순종할 때 나타나는 능력

> "이같이 너희 빛이 사람 앞에 비치게 하여 저희로 너희 착한 행실을 보고 하늘에 계신 너희 아버지께 영광을 돌리게 하라."(마 5:16)

장호원 베데스다 교회 박기남 목사님은 과거에 진 빚을 갚기 위해, 오늘도 강원도까지 다녀오시는 등 분주한 날들을 보내셨다. 목사님은 그동안 정부에서 오는 장애인 수급비로 생활해 오셨는데, 부족할 때는 어쩔 수 없이 빌려 쓰셨다. 하지만 놀라운 것은, 주님께서 보내주신 천사들 덕분에 목사님께서 기쁘게 발걸음을 옮기실 수 있었다.

목사님 집은 오래 전 아버님께서 사두신 땅 위에 보상비와 여러 지원금을 모아 조금씩 건축을 하신 것이다. 그 집을 본 사람들은 목사님이 잘사는 줄 알지만, 수급자 처지에 믿음으로 하나하나 쌓아 올린 집이다. 목사님은 어느 날 기도 제목을 나누셨다. "대소변 잘 볼 수 있도록 기도해 주세요." 밤에만 네 번 화장실에 다녀오니 실상 잠 자는 것이 아닌 셈이라고 했다. 대변도 한 번에 1시간 이상 화장실에 있어야 하고, 가슴 밑으로 감각이 없고 양손의 반도 감각이 없다고 했다. 조금만 앉아 있어도 욕창이 생기고 썩은 상처로 한 번 앓으면 6개월 이상 고통을 겪는다고 하셨다. 같이 지내다 보니, 장애인의 삶은 고달프기 그지없다. 그런데도 목사님은 긍정적이시라 늘 "지금은 많이 좋아졌어요."라고 하신다. 이 얼마나 감사한 고백인가! 어려울 때마다 주님 손길이 분명히 나타나는 것을 보면, 하나님은 박기남 목사님을 참 많이 사랑하신다.

나도 말씀대로 살려고 매일 마태복음 5장, 6장, 7장을 묵상하고 있던 어느 날, 직장에서 필요한 물건을 나르려고 카트를 가져왔는데, 옆에 친구가 카트를 달라고 했다. 평소 같으면 거절했을 텐데, 순간 마태복음 5장 42절 "구하는 자에게 주라."는 말씀이 떠올라 그에게 주었다. 그런데 돌아서자 더 좋은 카트가 있었고, 직장에서 누군가 나에게 뭔가를 구해 내가 주고 나면, 거짓말처럼 더 좋은 것이 생기는 일들이 자꾸 일어났다. 그렇게 2년 정도 지나니, 직장 사람들 모두 나를 존경하며 좋아했다. 심지어 평소에 동료들과 늘 문제를 일으키던 성격 고약한 이탈리안 친구조차도 나를 향해 "He is a good man."이라고 했다. 평생 처음 들어보는 말로, 그때 나는 마태복음 5장 16절 말씀이 이루어짐을 느꼈다. 믿는 사람들 모두 말씀대로 살았다면, 세상은 이미 천국으로 바뀌었을 것이다. 나는 다만 성경 한 구절에 순종했을 뿐이나, 그 말씀 속에서 능치 못하심 없는 하나님의 능력을 보게 되었다.

> "주님, 주님 말씀에 순종하여 삶으로 주님의 영광을 비추게 하소서."

감사는 천국의 언어

> "범사에 감사하라. 이는 그리스도 예수 안에서 너희를 향하신 하나님의 뜻이니라."(데전 5:18)

오래 전 미국에 있을 때, 병원에 들러 검진을 받고 이층에서 내려오다 뜻밖의 일을 당한 적이 있다. 발을 헛디뎌 그만 발목이 접질러 평소 같으면 "아이쿠!" 하는 탄식이 나왔을 텐데, 이상하게도 내 입에서 "주님, 감사합니다."라는 말이 먼저 튀어나왔다. '어떻게 이런 상황에서 감사의 말이 나올 수 있었을까?' 순간 나 자신도 놀라 멈춰 섰다. 생각해 보니 그것은 내 의지가 아니라, 주님께서 내 안에 감사하는 마음을 심어주셨기 때문임을 알게 되었다.

그날 이후 내 입에서는 늘 "감사합니다."라는 말이 흘러나와, 20년 넘도록 내 삶의 언어는 '감사'가 되었고, 감사라는 말이 나올 때마다 내 마음에 평강도 임한다. 감사는 내가 만들어낸 감정이 아니라, 주님께서 가르쳐 주신 삶의 태도로 나는 그저 따라가기만 했을 뿐이다. 흑일도에 함께 사역하는 최 전도사님 입에서도 감사의 말이 끊이지 않는다. "감사하니까 감사할 일이 그치지 않고 계속 생긴다."고 하신다. 그 말씀처럼, 내 삶에도 감사할 일들이 쉼 없이 이어지고 있다.

아직 감사하지 못하는 사람들이 있다면 감사의 말을 입술로 고백하라고 말해주고 싶다. 왜냐하면 감사는 선택이기 이전에, 하나님의 명령이기 때문이다. "감사로 제사를 드리는 자가 나를 영화롭게 하나니…"(시 50:23) 이 말씀처럼 감사는 하나님을 영화롭게 하는 신앙의 열매이며 천국 백성의 언어다.

> "주님, 감사를 알려주시고 감사로 채워주시니, 오늘도 내일도 영원까지 감사합니다."

작은 습관 속 큰 순종

> "그러므로 무엇이든지 남에게 대접을 받고자 하는 대로 너희도 남을 대접하라 이것이 율법이요 선지자니라."(마 7:12)

나에게 남의 집이나 공공장소 화장실 사용 뒤 변기를 잘 닦는 습관이 있다. 그렇게 된 계기는, 어느 날 마태복음 5장부터 7장까지 일명 '산상수훈'을 읽는 가운데 7장 12절 말씀을 묵상하면서부터다. "그래, 내가 깨끗한 화장실을 사용하고 싶어한다면, 다른 이들도 똑같겠지. 그렇다면 내가 먼저 하면 되겠지." 이런 생각이 들었다. 변기란 누구나 매일 사용하지만, 누구나 닦기 꺼려하는 곳이다. 남이 하기 싫어하는 일을 내가 먼저 한다면, 그것이 바로 주님 말씀에 순종하는 삶이 아닐까 하는 생각이었다. 그 후로 나는 어느 장소를 가든지 화장실을 사용한 후에는 반드시 변기를 닦았다. 다행히도, 대부분 장소에는 변기 청소도구가 있어서 그 일을 어렵지 않게 할 수 있었다. 이 습관은 청결을 넘어 나 자신에게 말씀의 순종을 실천하는 믿음의 훈련이 되었다. 주님께서는 이 작고 낮은 일조차 귀히 보시며, 말씀을 따라 사는 자에게 은혜의 기쁨을 주신다.

마태복음 7장 11절은 "너희가 악할지라도 좋은 것으로 자식에게 줄 줄 알거든, 하물며 하늘에 계신 너희 아버지께서 구하는 자에게 좋은 것으로 주시지 않겠느냐." 그리고 곧이어 12절에 "그러므로"라는 단어로 연결해 이는 곧, 우리가 하나님께 좋은 것을 받기 원한다면 먼저 그 말씀에 순종해야 함을 일러주신다. 주님은 이 단 한 구절을 "이것이 율법이요 선지자니라."고 하실 만큼 중요한 진리로 선포하셨던 만큼, 우리가 이웃에게 어떻게 행하느냐가 곧 하나님 앞의 순종이요 사랑을 보여드리는 일이라는 믿음이 든다.

"주님, 말씀에 순종한 작은 습관으로 사랑을 나누게 하시니 감사합니다."

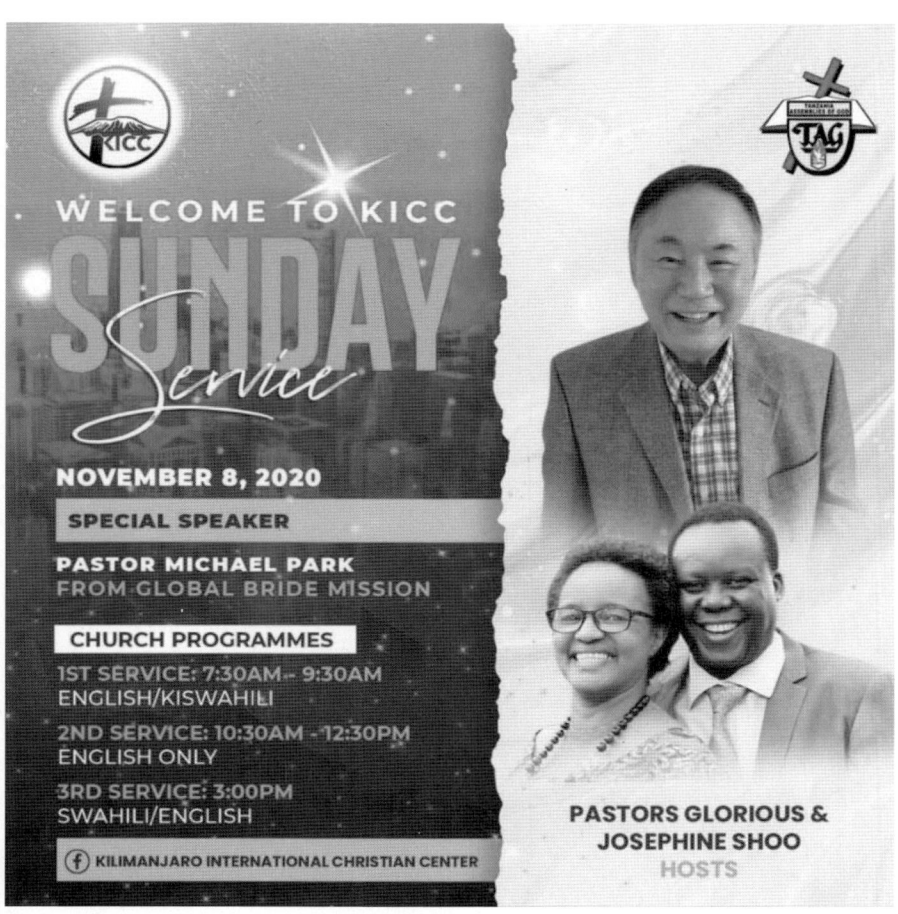

킬리만자로에 있는 마이클 박 목사 집회 포스터

제 2 부
국경을 뛰어넘는 복음의 빛

정수영 선교사님의 다울족 30년 사역

에티오피아 고아원 학교의 기도

예기치 못한 상황에도 지켜주신 주님

백세 재향군인과 빵을 위한 기도

아내 Susan을 기념하는
'Bread of Life House'

러시아 수로보니게 여인의 기도

헷갈린 찬양 속 기쁨 가득한 예배

충성된 주의 병사 김영원 선교사

천사가 인도한 교회

주님 잔치를 여는 식당이 되길

문명 저 편 철창 안 병원

목숨 걸고 얻은 지혜

멸치 형님과의 감사한 저녁

멀쩡히 눈 뜨고 빼앗긴 모자

혼란스러운 러시아 글자

기다리는 법을 배우며

가난한 이웃들을 주님 날개로

열악한 러시아 병원

전도의 기회는 어디서나

기도로 버텨 기적으로 채운 집

파라자 장애고아원 가는 길

탄자니아 프로젝트를 축복하며

에티오피아에 임재하신 주님

러시아 모기에게 배운 지혜

제 2 부
국경을 뛰어넘는 복음의 빛

📖 정수영 선교사님의 다울족 30년 사역

> "너희는 온 천하에 다니며 만민에게 복음을 전파하라."(막 16:15)

도산교회에서 중국의 한종족인 다울족에게 30년 동안 복음을 전한 정수영 선교사님을 만났다. 목사님이던 정 선교사님 아버님은 그가 태어난 지 3일 만에 6.25 전쟁으로 북에게 끌려가 교회를 지키다 순교하셨고, 어머니는 홀로 자녀들을 키우다 선교사님이 고등학교 2학년 때 소천하셨다. 선교사님은 부모님을 여읜 후 오랜 시간 세상 속에서 방황하며, 주님을 원망 했고 결혼 후에도 한동안 주님을 떠나 있었다. 그러던 중 어느 기도원에서 주님을 만나고 변화되어, 신학교에 들어가 선교사의 길을 걷게 되었다.

졸업 즈음, 주님은 "중국 동북쪽에 있다."고만 하시며 어떤 사람들인지도 모르는 다울족에게 복음을 전하라는 주님 음성을 들었다고 한다. 선교사님은 그 말씀에 순종해 무작정 중국행 비행기를 타고 북경으로 향했고, 북경 공항에서 한 한국인에게 다울족을 아느냐고 묻자, 그분이 "하얼빈 근처에 다울족이 있다."고 알려주어 다울족을 찾아가게 되었다. 문자 없는 민족인 다울족은 과거 거란족 후손으로 인구는 약 12만 명 정도인데, 물이 부족해 1년 동안 목욕을 못한 사람들도 있어서 12가지 냄새가 난다고도 한다. 당시에는 예수님을 아는 이가 한 명도 없는 완전히 미전도 종족이었으나, 정 선교사님은 그 땅에서 30년을 사역해 지금은 3천명이 넘는 사람들이 예수님을 영접했다고 한다. 그 중에 특별한 열매는, 동네에서 악명 높고 성격이 거칠기로 유명한 사람이 있었는데 사람들은 그가 오면 무서워서 피하고 문을 닫을 정도였다고 한다. 그런데 그 사람이 예수님을 만나 변화되자, 이 변화를 이상하게 여긴 공안이 뒷조사를 했는데 집 안을 뒤져도 나온 것은 성경을 필사한 노트뿐이었다고 한다. 공안이 정 선교사님을 만나 음식을 대접하며 이렇게 말했다. "우리 공산당은 사람을 영창에 집어넣을 수는 있지만, 이렇게 사람을 변화시킬 수는 없습니다. 당신들 기독교인들은 우대합니다."

요즘 대부분의 선교사들이 중국에서 추방당하는 상황 속에서도, 공안 고위 책임자는 정 선교사님께 "우리는 선생님을 존경합니다. 이곳에서 얼마든지 계십시오."라고 말했다고 한다. 선교사님은 "모든 것은 주님께서 하셨습니다. 오직 주님께 영광입니다."라고 고백하신다. 70세로 내년 은퇴를 앞둔 선교사님을 섭섭해하며, 많은 이들이 언제든 다시 오라고 한단다. 중국 사역을 마친 종에게 주님께서 새로운 사명을 맡기시려는 듯, 선교사님은 이제 주님께서 옛 친구들과 학교 동창들에게 복음을 전하라는 것 같다고 하신다.

> "주님, 정 선교사님의 남은 삶의 모든 발걸음마다, 주의 복음을 더욱 널리 증거하게 하소서."

📖 에티오피아 고아원 학교의 기도

> "너희가 여기 내 형제 중에 지극히 작은 자 하나에게 한 것이 곧 내게 한 것이니라"(마 25:40)

오늘은 아내 수잔(Susan) 선교사와 장에 들러 $500어치 오일과 쌀, 그리고 캔디를 사서, 4세부터 약 350명 정도의 아이들이 있는 에티오피아 아다마에 있는 고아원 학교를 방문했다. 우리가 도착하자 춤추고 노래하며 아이들이 우리를 환하게 맞아주었다. 아이들이 학교에 와서 자꾸 조는 이유는, 먹지 못 하고 먼 거리를 걸어오다 보니 학교에 와서는 조는 것이다. 어떤 아이들은 10km가 넘는 거리를 걸어오니 여아들에게는 위험한 상황도 종종 있다고 한다.

이 학교는 30년 전부터 알고 지낸 다그노 목사님과 삼손(Samson) 목사님이 함께 섬기고 있는데, 아이들 점심은 접시에 노란 쌀 한 줌이 전부다. 점심 시간이면 학교 밖에 동네 사람들이 잔뜩 모여 있는 이유는, 아이들이 점심을 먹은 후 남은 음식을 얻으려 기다리기 때문이다. 이 학교에 있는 무슬림 아이들이 점점 예수님을 믿게 되자. 동네 무슬림들이 질투해 새로운 무슬림 학교를 세우려는 계획 중이라고 한다.

다그노 목사님께 기도 제목을 물었더니, 학교 건물 다섯 채 중 두 채가 너무 오래되어 정부 사용 허가가 나오지 않아 보수 공사가 필요하단다. 지금도 350명의 아이들이 있지만 300명을 더 먹이고 싶은 것이 목사님의 간절한 기도다. 또한, 과학 교육을 위한 기기가 필요하고 멀리서 오는 아이들을 위한 스쿨버스가 있으면 좋겠다고 하신다. 우리가 떠나려 하자, 절룩거리며 걸으시는 몸 불편한 다그노 목사님이 손짓으로 배웅하신다. 그 모습을 보며 삼손 목사님이 말씀하신다. "다그노 목사님의 소원은 오직 아이들에게 영양 좋은 빵을 만들어 주는 것입니다. 쌀 한 주먹으로 끼니 때우는 아이들이 얼마나 기쁠지, 또한 빵을 만들어 동네 사람들에게 나누고 팔기도 하며, 그것으로 복음 전도를 할 수 있으면 좋겠다고 늘 기도하고 계십니다." 하지만 지금 형편으로는 그저 꿈같은 막막한 일이라며, "주님이 해주시기를 기도할 뿐"이라고 하신다. 수잔 선교사와 나는 그곳을 떠나기 전 함께 기도드렸다.

> "주님, 이 학교에 빵 공장을 세워주시고, 만들어지는 빵이 생명을 살리는 복음의 통로가 되게 하소서."

예기치 못한 상황에도 지켜주신 주님

> "네가 물 가운데로 지날 때에 내가 너와 함께 할 것이라… 불꽃이 너를 사르지도 못하리니"(이사야 43:2)

새벽 12시 40분 출발 비행기에 탑승해, 다음날 오전 12시 40분 즉, 12시간 후 아디스 아바바 공항 도착했다. 좁은 비행기 의자에 12시간 앉자 있자니 엉덩이가 아프다. 비가 내려 축축한 도로들과 선선한 날씨는 긴 시간 날아온 피곤을 잊게 해준다.

입구 밖에서 기다리던 Kalu 목사와 주차장에서 기다리던 우리는 한참을 엇갈리다 일하는 분 도움으로 연락이 닿았다. 자동차 기름을 넣으려는데 기름이 없다고 아예 문도 안 여는 몇 곳을 지나 겨우 한곳을 찾아 40분을 기다렸다. 오는 길에 보니 4곳 중 3군데는 문을 닫았다. 아프리카는 석유가 나는 곳인데 돈이 없어 기름을 못산단다. 기름 넣느라 40분을 기다리니 기름이 줄줄 세는 것만 같다. Kalu 목사는 31살로 멘토인 삼손 목사와 21살에 만나 청년부 목사로 섬기는 삼손 목사의 신실한 동역자다. 1시간 30분을 걸려 도착 한 숙소는 휴양지를 연상 시킨다. 해발 1,200미터가 넘는 고지대라, 조금만 움직여도 숨이 찬다. 내일 가게 될 아디스아바바는 무려 2,200미터가 넘는다. 마라톤 선수들이 왜 케냐와 이곳에서 많이 나오는지 이해가 된다. 나도 한번 뛰어볼까 하는 마음이 들지만, 걷기만 해도 숨이 차니 객사할 확률이 높아 보인다.

겉은 휴양지처럼 평화로워도, 안에서는 오늘도 여전히 물이 나오지 않는다.

돈은 미리 받아놓고 "배 째라." 식 여관 주인이 당혹스럽기도 웃기기도 한다. 아마도 숨찬 거 잘 참으며 배짱만 늘었나 싶다. 여관 변기는 어찌나 큰지 잘못 힘주다가는 빠질 지경이라, 이것도 배짱 스타일이다. 밤이면 어김없이 망고들이 벼락 치듯 양철지붕을 두드린다. 한국에서는 비싸서 먹기 힘든 망고가 마당에 널려있다. 탄자니아에선 아보카도가 난리더니, 여기서는 망고가 난리다. 밤마다 수십 개씩 떨어지니, 세상은 참 공평하지 않다. 샤워실 물이 4일째 안 나오다 오늘 드디어 물이 나온다. 그런데 샤워장에서 들리는 아내의 "아악!" 비명, 뜨거운 물만 나와 하마터면 세상에 하나뿐인 아내가 통닭 될 뻔했다. 이 숙소는 손님하고 무슨 웬수를 졌나 싶은데, 주님 은혜로 변기에 빠지지도 않고, 화상은 피했다.

> "주님, 제가 지금 웃고 감사할 수 있는 건, 주님이 지켜주셨기 때문입니다."

백세 재향군인과 빵을 위한 기도

> "주는 궁핍한 자의 피난처시며 환난 때의 피난처시니이다"(시 9:9)

오늘은 재향군인을 만나러 가는 날. 삼손 목사님과 커피숍에 들어서니 재향군인 협회에서 일하는 두 분이 반갑게 맞아주신다. 특히 마이클 박 목사님과 GBM(해외선교단체인 Global Bride Ministries)에 큰 감사를 전했다.

오늘은 집을 고쳐주기 위해 100세 된 재향군인Tadesse Bire 중사를 만나기로 했다. 이곳 저곳을 살펴보니, 방 많은 오래된 집에 비 새는 지붕과 벽이 여러 곳이다. 집을 다 둘러보고 준비해간 선물을 드리니, 할머니는 기쁨을 감추지 못하신다. 삼손 목사님이 말씀 하신다. "다그노 목사님이 아이들에게 빵을 먹이고, 남는 건 동네 사람들에게 저렴하게 팔 수 있도록 빵 기계를 구입할 수 있게 기도

해달라고 부탁하셨습니다."

> "주님, 이곳 아이들이 따뜻한 빵을 먹을 수 있도록 빵 기계를 허락하시고, 그 빵이 나눔과 전도의 씨앗이 되게 도와주소서."

아내 Susan을 기념하는 'Bread of Life House'

> 너희 중에 누구든지 크고자 하는 자는 너희를 섬기는 자가 되어야 하리라"(마 20:26)

2024년 6월 17일 Susan과 함께 에티오피아 원지샤워 학교를 다시 찾았다. 작년에 이어 두 번째 방문이다. 현지 사역자 김태훈 선교사 부부와 삼손 목사님과 함께 아침 식사를 하며 나눈 이야기 속에는, 병 중에도 주님을 신실하게 따르는 선교사님의 눈물겨운 순종과 믿음이 담겨 있었다. 또한 이날 놀라운 일은, 원지샤워 학교에서 열린 Bread of Life House 축하행사에서 벌어졌다. 큰 야외 텐트마다 Susan 사진이 담긴 포스터가 가득 걸려 있고, 아이들이 입은 티셔츠나 비닐봉투에도 Susan 얼굴이 새겨있었다. "주님께서 이 사람을 이렇게도 사랑하셨구나." 하는 마음이 들어 놀랍고도 감동스러웠다. 미국도 한국도 아닌 에티오피아의 시골 마을, 고아들이 모여 있는 작은 학교에서 Susan이 이토록 사랑 받는 이유는 그녀가 온전히 주님의 영광을 위한 삶을 살기 때문이다. 이 행사에는 여러 교회 목사님들과 마을 유지들이 참석했고, 기중기와 발전기가 들어올 때는 동네 사람들 모두 몰려왔고 찬양과 감사, 설교와 감사장이 오가는 축복의 시간이 이어졌다. 아이들은 손 내밀며 반갑게 악수를 청하고, 5분에 150개의 빵을 구울 수 있는 빵 공장은 분주하게 돌아갔다. 수백 명의 아이들에게 하루 세 끼 빵을 나눌 수 있게 된 이 기적의 출발은, 작년 6월 침례식 후 방문했던 불도 없고 식사도 부족했던 이 학교에서 언젠가 이 아이들에게 빵을 나누어주는 것이 꿈이던 한 목사님의 기도에서 시작됐다. 그 기도가 씨앗이 되어 집으로 돌아온 후 Susan과 함께 기도 중 Susan이 코로나와 폐렴으로 병원에 입원했고, 두 달 만에 주님 부르심을 받아 하늘나라로 떠났다. 병원비로 남은 큰 금액은 섬김의 손길에서 감당해 주셨으니, 힘들고 외로운 자 편에 늘 서 주시는 하나님께 감사드리지 않을 수 없다.

2023년 10월, 삼손 목사님과 대화 속에 "이곳에 Susan을 기념하는 빵집을 세우자."는 비전으로 기도와 모금이 이어졌고, 4개월도 채 되지 않은 2024년 2월 18일 기적처럼 Bread of Life House가 오픈 한 것이다. 주님께서 내 마음에 말씀하셨다. "이것은 네가 한 것이 아니고, 내가 이 고아 아이들을 위해 한 것이다." 주님은 Susan의 죽음을 통해 많은 사람 마음을 움직이게 하셨고, 기도하게 하셨고, 헌금하게 하시며 결국 이 모든 것을 이루셨다. 작년엔 무려 980명의 침례식이 있었고, 올해도 780명의 귀한 영혼이 주님께로 돌아오는 침례식을 거행했다.

> "주님, 원지샤워 학교와 아이들, 다그노 목사님과 사역자들, 기도와 헌금으로 함께한 모든 분들을 축복하여 주시옵소서."

러시아 수로보니게 여인의 기도

> "예수께서 이르시되 여자여 네 믿음이 크도다 네 소원대로 되리라 하시니 그 때로부터 그의 딸이 나으니라"(마 15:28)

오늘은 오랫동안 예배에 참석하지 못했던 성도들이 제법 많이 나왔다.

예배를 마치고 교회 앞에 서 있는 한 여성 성도님을 보게 되었다. 그녀는 한 손이 장애여서 잠바 지퍼를 올리지 못해 내가 다가가 그녀 지퍼를 올려드렸다. 가만히 살펴보니 손가락 절단된 할머니, 말을 잘 못하는 부인과 지체장애 남편, 그리고 팔이 없는 자매까지 이 산믿음교회에는 교인의 절반 이상이 장애를 안고 있는 듯하다.

죽도교회에서도, 장호원에서도 장애 성도님들과 예배를 드렸고, 이곳 러시아 땅에서도 마찬가지로 주님은 나를 언제나 가장 낮고 약한 자들이 있는 곳으로 보내시는 것 같다. 상 주시려고 점수 따게 하시려고 미리 훈련시키시는 것 같다는 생각에 마음이 흐뭇해졌다. 오늘 내가 성도들에게 전한 말씀은, 열심히 끈기 있게 기도하라고 마태복음 15장 가나안 여인 이야기를 전했다. 그런데 저녁에 팔 없는 자매가 교회로 찾아왔는데, 그녀는 분명 주님께 기도하고 싶은 간절한 마음을 품고 온 듯했다. 하지만 통역을 도와주는 박행이 집사가 없어서 교회에 들어가지 못하고 발걸음을 돌렸다. 그 마음을 내가 다 이해할 순 없지만 남자 성도들만 있는 교회 안이 어쩌면 그 자매에게 불편했을 수 있겠으나, 말이 통하지 않아 붙잡지 못한 내 마음도 아팠다. 그녀는 오늘 말씀 속 수로보니게 여인처럼, 주님께 드릴 간절한 말씀이 있었던 것 같고 그 믿음과 갈망이 느껴졌다. 김영원 선교사님이 오시면, 그 자매가 다시 저녁 기도회에 참여해 주님께 자신의 아픔과 간절한 마음을 다 드러내고 위로 받을 수 있도록 꼭 부탁드려야겠다.

> "주님, 이 여인의 기도를 들으시고 새 힘을 주시옵고, 산믿음교회 성도들이 감사와 찬송으로 가득한 삶을 살게 하소서."

헷갈린 찬양 속 기쁨 가득한 예배

> "무릇 두 세 사람이 내 이름으로 모인 곳에는 나도 그들 중에 있느니라."(마 18:20)

오늘은 주일, 예배 시간에 웃지 못할 일이 벌어졌다. 아마 주님도 "이게 무슨 상황이지?" 하고 놀라셨을지도 모르겠다. 묵도가 끝나고 찬송가 455장 '주 안에 있는 나에게'를 부를 때, 통역자 박행이 집사님께서 러시아어로 통역하고 피아노도 찬양 인도자도 없이 찬양이 시작되었다. 물론 찬송가에는 러시아어와 한글이 적혀있는데, 박 집사님이 찬양을 시작했고 나도 성도들과 함께 찬양했다. 그런데 찬송을 부르는 중간쯤 곡조와 가사가 맞지 않아 뭔가 어긋나는 느낌이 들어 귀 기울여 보니, '내 주를 가까이 하게 함은'의 멜로디에 '주 안에 있는 나에게' 가사를 맞춰 부르고 있었다! 찬양을 멈추고 다시 시작하자고 할 수는 없어서 나도 끝까지 가사를 곡에 억지로 맞춰 부르고, 마지막엔 힘차게 "아멘!"을 외쳤다. 아마 주님도 "이거 어디서 많이 듣던 곡인데?" 하시며 웃으셨을지 모르겠다. 예배가 끝났는데 주방장 타냐가 음식이 준비되지 않았다고 해서 찬양을 더 하기로 했다. 박 집사님이 10번을 하자고 하셨고, 나는 그 곡이 모두에게 익숙한 줄 알고 시작했는데 아무도 따라 부르지 않아 결국 독창을 하게 되었는데, 그날 내가 부른 찬양은 '고요한 밤 거룩한 밤'이었다. 찬양하는 내내 속으로 웃음이 났는데, 과연 오랜 세월 공산주의 체제를 겪었던 나라라는 사실이 새삼 느껴졌다. 통역을 맡으신 박 집사님은 60이 넘으신 우즈베키스탄 출신 고려인 할머니로, 한국어가 완전하지 않아 내게 물어보며 배우신다.

> "주님, 오랜 세월 힘들게 살아오신 고려인들을 기억해 주시고, 이 작은 교회 위에 주님의 은혜와 평강을 베풀어 주소서."

충성된 주의 병사 김영원 선교사

> "항상 주의 일에 더욱 힘쓰는 자들이 되라 이는 너희 수고가 주 안에서 헛되지 않은 줄을 앎이라."(고전 15:58)

오늘은 사할린에서 맞는 첫 주일로, 일흔다섯 되신 김영원 선교사님이 중국 목단강으로 떠나 유기농업 강의 등 중국 사역을 마치고 돌아오셨다. 12시간 버스를 타고 하롤에서 농사를 도운 후 새벽 3시 비행기를 타고 사할린으로 오셨다. 이곳에서 25년 가까이 주님만 바라보며 사역해오신 충성된 주님의 노병사로, 주님께 충성하는 모습에 고개가 절로 숙여진다. 피와 땀으로 세운 꼬르사꼬프 교회에서 김 선교사님의 힘찬 설교가 울려 퍼졌다. 안타깝게도 지난주 한국에서 왔다는 어떤 목사가 "침을 놔준다."며 교회를 다니다 통역하던 권사와 교인 몇 명을 데리고 다른 교회로 떠났다고 한다. 목사님과 사모님이 상처를 입고 속상해하시니, 양떼를 빼앗는 삯꾼 목자 모습이 떠올라 마음이 아팠다.

김 선교사님이 유기농 농법을 가르치기 위한 중국 사역지 땅은 모두 시멘트로 덮여 있어, 그 위에선 미생물과 박테리아가 살아남지 못해 농사가 불가능해 보였다. 선교사님은 그곳 당서기장에게 "당신이 우리가 심는 식물을 자라게 할 수 있습니까?" 이렇게 묻자 그가 고개를 흔들었다. 선교사님이 저 위에 계신 분께 부탁 드려야 한다고 하자, 종교를 믿지 못하는 당서기장이 알겠다고 했고 선교사님이 이곳 농사와 사람들 모두 예수님을 믿게 해달라고 기도하자 모두 '아멘'으로 화답했다. 다음 날 믿을 수 없는 일이 일어났는데, 시멘트 위에서는 살아남을 수 없다고 알려진 유기농 박테리아들이 살아나고, 땅이 뜨끈뜨끈하게 되었다.

> "주님, 동토의 땅에서 드리는 기도를 외면치 않으시고 역사해 주셔서 감사합니다."

천사가 인도한 교회

> "여호와께서 집을 세우지 아니하시면 세우는 자의 수고가 헛되며, 여호와께서 성을 지키지 아니하시면 파수꾼의 깨어 있음이 헛되도다."(시 127:1)

꼬르사꼬프 교회 건물의 기원은 25년 전 김영원 선교사님께서 자신의 모든 삶을 주님께 드리기로 결단하면서부터였다. 그는 사할린에서 아파트를 구해 생활하며 그곳에서 교회를 시작하셨다. 몇 달 지나 교인이 50명 넘게 모이자, 교회 건물이 필요해 통역자와 건물을 알아보러 다니던 중 한 장소에 도착했을 때 누군가 차에서 내려 뜬금없이 물었다. "건물을 찾고 있나요?" 선교사님이 그렇다고 하자, 그 사람은 저 아래 가서 물어보면 알려줄 것이라고 했다. 그의 말대로 거기 있던 사람이 어떻게 자신을 알았냐고 되물으며, 지금의 이 교회로 안내해 주었다. 당시 건물은 폐허 같았으나, 지금은 2층으로 확장된 멋진 교회가 되었다. 러시아에서 건물을 구입하고 등기하는 데는 보통 3년이 걸리는데, 선교사님이 시청에 가서 담당자에게 사정을 이야기하자, 처음엔 단호하게 안 된다고 하더니 선교사님이 나가려는 순간 불러, "당신 눈을 보니 믿을 만 해요. 빠른 방법을 알려드릴게요."라며 절차를 자세히 설명해주어 3개월 만에 서류가 마무리되었다. 선교사님은 사할린에 많은 빈민자들이 겨울이면 쓰레기통을 뒤져, 한국에서 국수 기계를 공수해 국수를 만들어 그들에게 나누어 주었다. 그 덕에 많은 이들은 길에서 선교사님을 만나면 감사인사를 하고, 꼬르사꼬프 시에서도 선교사님을 고마워하며 존경한다. 그러나 그 일이 있은 지 얼마 후 김 선교사님은 교통사고를 당해 혼수상태에 빠졌고, 그 상태에서 천국과 지옥을 오가는 영적 체험을 하게 되었다. 사모님께서 지난 세월을 회상하시며 '지나고 보니 모든 것이 주님의 은혜'라고 하신다.

> "주님, 러시아에 교회를 세워주시고 선교사님을 회복하게 하시니 감사합니다."

주님 잔치를 여는 식당이 되길

> "잔치를 베풀거든 차라리 가난한 자들과 몸 불편한 자들과 저는 자들과 맹인들을 초대하라."(눅 14:13)

　사할린 땅에 서리가 내리며 겨울이 오고 있다. 꼬르사꼬프 교회 식구들이 이 추운 겨울을 어떻게 날까 걱정이다. 김영원 선교사님과 이복희 사모님이 더욱 걱정된다. 30년 가까운 세월을 그곳 사람들을 섬기며 76세에도 여전히 일하시는 목사님은 이젠 많이 힘들다고 하신다. 여성회장 임영자 집사님과 통역을 맡으신 박금자 권사님이 수고했다며 목사님과 나를 점심에 초대해 주셨다. 과거에 박 권사님이 교회에 나오지 않아 목사님이 심방을 갔을 때, 권사님은 죽음의 문턱에 있었다고 한다. 목사님이 간절히 기도하신 후, 죽을 지경이던 권사님이 살아나서 그 후 권사님은 교회에서 가장 충성된 일꾼이 되셨다.
　임영자 집사님은 두 아들 중 큰아들이 불의의 사고로 사망했고 작은아들도 얼마 후 교통사고로 세상을 떠났다고 한다. 전에는 교회 나오라는 권유를 거절했지만 그 뒤로 교회에 나와 충성스런 여성회장으로 일하신다. 교회 2층 식당으로 올라갈 때 목사님께서 차고를 고쳐 식당으로 만들면 좋겠다고 하셨다. 식당이 2층에 있어서 다리 아픈 분들은 점심을 못 드시고 간다는 것이다. 나는 이 일을 위해 주님께 기도드렸는데, 얼마 지나지 않아 미국 동부의 예수사랑교회 김영식 장로님이 헌금을 보내주셨다. 그 후에는 미국에서 목사님 아들이 중국 출장 길에 들러 헌금을 해 식당 공사를 할 수 있었다. 거의 완공 단계로, 주님께서 나머지 필요도 채워주실 줄 믿는다. 지난 주에는 주님께서 누가복음 14장 13~14절 말씀을 전하라는 감동을 주셨다. "여러분만 이 식당에서 잔치하지 말고, 주님이 기뻐하시는 일을 합시다!"라고 하니 성도들도 기뻐하며 "아멘!"으로 화답한다. 이 식당은 주님이 원하시는 가난하고 병든 자들을 위한 은혜의 잔치 자리가 될 것이다. 추운 날 눈이 오면 빈민자들이 길거리 쓰레기통 뒤지는 일조차 어려워지니, 식당이 완성되면 이곳이 복음의 통로가 되어 많은 이들이 주님을 믿고 복된 삶을 살아갈 수 있기를 고대한다. 이곳에는 러시아 사람도 있고, 고려인 후손들도 많다. 그들의 조부모는 강제이주와 굶주림, 추위 속에서 죽어갔지만, 그들의 후손들이 이 식당을 통해 따뜻한 밥을 먹고 복음을 들을 수 있다면 주님께서 얼마나 기뻐하시겠는가?

> "주님, 이 추운 땅에서 고생하며 살아온 고려인 후손들을 불쌍히 여겨 주시고, 예수님 믿고 모두 천국 백성 되게 하소서."

문명 저 편 철창 안 병원

> "보라 내가 그 성읍을 치료하며 고쳐 낫게 하고 평안과 진실이 풍성함을 그들에게 나타내리라"(렘 33:6)

며칠 전, 교회에서 일하는 세르게이가 병원에 입원했다는 소식을 듣고, 과일 한 봉지를 사 들고 병문안을 갔다. 병원 밖은 제법 그럴듯해 보였지만, 안으로 들어가니 마치 유치장에 온 듯한 느낌이다. 병원에는 조그마한 창문만 있을 뿐 철창이 깜깜하게 닫혀 있고, 사람 모습은 보이지 않았다. 한참 후 풍채 있는 여직원이 나와서 다른 건물로 가라고 했다. 아무리 시골이라지만, 5층짜리 건물 병원인데 컴퓨터조차 보이지 않는다. 뭐든 물어보면 공책 여러 개를 뒤져 거기서 뭔가를 찾아서 알려주니, 한국 외딴 섬 보건소만도 못해 요즘 세상과는 다른 별천지다.

칠면조 모이 문제로 블라디보스토크를 다녀오는 길에 김영원 선교사님이 그 병원 이야기를 하시며, 몇 년 전 아주 혼났다고 하신다. 일하다 갈비뼈에 금이 가서 병원에 갔더니 5층으로 올라가라 해서, 통증을 참고 간신히 계단을 걸어 올라가느라 혼이 났는데 올라가보니 X-ray 필름이 없다고 한다. 그야말로 미치고 팔짝 뛸 노릇이다. 그러면서도 스스로를 세계 강대국이라 하니 한심해 보인다. 40년 전 내가 처음 미국 땅을 밟았을 때 놀라웠던 것은, 산꼭대기 화장실에도 수돗물이 콸콸 나온 것이다. 이곳은 가정에 수돗물이 나오지 않아 지하수를 파서 사용하고, 물을 통으로 길어다 써야 하니 목욕도 쉽지 않다. 그럼에도 핵무기 개발에는 목숨을 거는 모습이 안타깝다.

> "주님, 이들을 강대국의 교만에서 깨어나게 하시고, 하늘의 공의와 평강, 주님의 자비와 사랑을 알게 하여 주시옵소서."

목숨 걸고 얻은 지혜

> "무릇 지킬 만한 것보다 더욱 네 마음을 지키라 생명의 근원이 이에서 남이니라."(잠 4:23)

"저 사람, 쥐약이라도 먹었나?" 예전에 누군가를 두고 그렇게 말한 적이 있다. 그것은 '저 사람 제정신인가?' 하는 놀람이나 비난을 강하게 드러내는 표현이지만, 그 말이 실제로 내게 이루어졌다. 사할린에서 부엌 일을 돕는 러시아 여자 타냐(Tanya)가, 얼마 전 창고에서 쥐 한 마리를 봤다. 나는 그 일을 까마득하게 잊고 있었는데, 오늘 아침 타냐가 내게 조그마한 지저분한 과자 봉지 하나를 건네며 무언가 러시아말을 했다. 나는 '타냐가 나를 우습게 보나? 오래되고 지저분한 과자를 나한테 먹으라고 줘?'라고 생각하며, 언제나 그렇듯 대충 눈치로 넘겨짚고 속으로 기분이 좋지 않았다. 그래도 무시하기엔 예의가 아닌 것 같아 포장을 뜯어 한입 베어 보았더니, 역시 아무 맛도 없고 오래된 것 같아 옆으로 치워두었다. 그날 저녁 와짐이라는 친구가 그 봉지를 보더니 한마디 했다. "이거 쥐약이네." 그 순간 나는 '아, 아직 살아있네.' 정신이 퍼뜩 들었다.

내가 그토록 비웃던 "쥐약 먹은 사람"이 바로 내가 되어버렸다니, 기가 막히고 말문이 막혔다. 무엇보다 아직 살아 있고 정신도 말짱하다는 것이 더 기가 막혔다. 주님께서 나를 이 땅에서 쓰실 일이 아직 남아 있으신가 보다. 이 일을 통해 나는 몇 가지 귀한 교훈을 얻었다. 외국에 나가면 외국어부터 빨리 배워야 한다. 말을 모르면 생명을 잃을 수도 있다. 내 마음대로 판단했던 타냐, 알지 못하면서 남을 의심하거나 비난하지 말자. 먹는 것을 너무 탐하지 말자. 자칫 잘못하면 목숨을 건다. 이 깨달음은 거의 내 목숨을 걸고 얻은 지혜다.

> "주님, 오늘도 생명을 연장해 주셔서 감사합니다."

멸치 형님과의 감사한 저녁

> "범사에 감사하라 이것이 그리스도 예수 안에서 너희를 향하신 하나님의 뜻이니라" (데전 5:18)

　러시아에 와서 이틀 밤이 지나, 큰 건물 안에 혼자 앉아 저녁을 먹으려니 쓸쓸하다. 마침 장에서 사온 멸치보다 조금 큰, 말하자면 '멸치 형님 뻘' 되는 생선이 있어 저녁 메뉴로 정했다. 이 생선을 처음 알게 된 건, 전에 나에게 쥐약을 줬던 타냐 덕분이다. 통역으로 일했던 와짐과 함께 우스리스크에 가서 점심을 사준 것을 고맙게 여겼는지, 어느 오후 슬그머니 멸치 형님 몇 마리를 주고 갔다. 그때 처음 맛을 보았는데 생각보다 괜찮았다.

　지난달 술을 마시고 난동을 부리는 바람에 쫓겨나, 타냐는 지금 이곳에 없다. 이곳 여성들은 술 문제가 많다. TV만 봐도 여성들 술 마시는 장면이 넘쳐나니, 한국도 머지않아 그렇게 되지 않을까 걱정된다. 그때 맛본 생선이 영양가도 있고 칼슘도 많을 듯해, 앞으로 농사일 힘 내는 데 도움이 될 것 같아 시장에 가보기로 했다. 장터에서 멸치 형님을 가리키며 달라고 하니, 주인은 봉지에 꽉꽉 눌러 담는데 거의 발로 밀어넣는 수준이다. 가격표에 156루블이니 한국 돈으로 약 3,000원 정도라 '와, 많이 주네.' 하고 생각했는데, 저울에 달더니 229루블을 달라고 한다. 아니, 본인 마음대로 잔뜩 집어넣고 더 많은 돈을 요구하니 또 한 번 절실히 말을 빨리 배워야겠다고 생각한다. 다행히 봉투가 작아 그 정도로 끝났지, 만약 큰 쓰레기봉투였으면 어쩔 뻔 했는가?

　사실 오늘 외출한 이유는, 물건 나를 때 쓰는 작은 짐수레가 고장 나서 부속을 사러 간 것이었다. 작은 부품 하나를 위해 철물점을 일곱 군데나 돌았으나 구할 수 없었다. 참, 이 나라는 별것 아닌 것도 구하기 힘들다. 혼자 먹는 식사였지만 감사한 것은, 멸치 형님 덕분에 오늘 저녁은 든든히 잘 먹었다는 것!

> "주님, 작은 생선으로도 배부르게 먹이시니 감사합니다. 따뜻한 위로가 됩니다."

멀쩡히 눈 뜨고 빼앗긴 모자

> "오직 선을 행함과 서로 나눠 주기를 잊지 말라 하나님은 이 같은 제사를 기뻐하시느니라"(히 13:16)

지난번에는 '무슨 독을 마실지라도 해를 받지 아니하리라'는 마가복음 16장의 말씀이 내게 임해 목숨을 부지했었는데, 어제는 눈 똑바로 뜨고 내 것을 뺏긴 건지 아닌지는 확실치 않지만 황당한 일을 당했다. 날씨가 추워 마켓에 갔을 때 방한모를 하나 사야겠다고 마음은 먹었으나, 가 보니 비싼 것들만 있어서 그냥 돌아왔다. 그러던 중 사모님께서 누가 목사님께 선물한 모자인데, 커서 쓰지 못한다며 멋진 방한모를 주셨다. 나는 그 멋진 모자를 잘 쓰고 다녔다. 다음에 한국에 나가면 이곳에서 함께 일하는 친구 셋에게 방한모를 선물로 사다 주면 좋겠다는 생각을 했다. 예전에 동대문 시장에 갔을 때 가격도 적당하고 질도 좋은 방한모를 본 기억이 떠올랐기 때문이다. 머리 사이즈를 알아야겠기에 예배가 끝난 후 내가 쓰던 방한모를 샤샤라는 친구에게 보여주며, 써보라고 손짓과 표정으로 전했다. 여기까지는 좋았는데 모자를 받아 든 샤샤가 얼굴 가득 미소 지으며, 머리에 모자를 쓰더니 내게 악수를 청한다. 뭐라고 한 마디 하더니 그대로 모자를 쓰고 웃으며 가버렸다. 멀쩡히 눈 뜨고 멋진 모자를 날려버린 후에야, 전에 사모님이 러시아 사람들은 뭘 보여줄 때 조심해야 하는데 그렇지 않으면 그냥 갖고 가버린다고 하신 말씀이 생각났다. 기가 찼지만 어차피 하나는 선물로 하려고 했던 거니까 샤샤 선물은 미리 해버린 셈치기로 했다. 제가 주님 말씀을 안 들으니 주님께서 샤샤를 통해서라도 순종하게 하신 것 같다는 생각이 들었다.

> "주님, 나눠주기를 기뻐하신다는 말씀을 잊지 않고 살게 하소서."

혼란스러운 러시아 글자

> "지혜는 그 얻은 자에게 생명나무라 지혜를 가진 자는 복되도다."(잠 3:18)

러시아에 처음 왔을 때 러시아어가 매우 혼란스러웠다. 얼핏 보기에는 영어 알파벳과 비슷하지만, 어떤 글자들은 뒤집히거나 거꾸로 되어 있다. 선교사님께 그 이유를 여쭈었더니, 김영원 선교사님이 러시아 언어에 얽힌 흥미로운 비밀을 웃으며 들려주셨다.

아주 오래 전, 러시아에는 말은 있었으나 이를 표현할 문자가 없었다고 한다. 그래서 나라에서 똑똑한 사람을 뽑아 영국으로 보내 알파벳을 배워오게 했는데, 문제는 그 사람이 보드카를 너무나 좋아했다. 그는 알파벳을 잘 배워 잊지 않게 단단히 싸서 돌아오던 길에, 끝내 유혹을 이기지 못하고 한 잔, 또 한 잔 보드카를 들이켰다. 취한 몸을 이끌고 강을 건너려다 그만 미끄러져 넘어지면서, 조심스럽게 싸왔던 알파벳들이 뒤섞이고 망가져 버렸다. 그래도 책임감은 강했던 그는, 흐릿한 정신 속에서도 기억을 더듬어 알파벳을 대충 재조합 해 탄생한 것이 바로 오늘날 러시아어라는 전설이다. 진위 여부와는 별개로 그 이야기에는 이 땅에서 살아가는 사람들의 삶과 정서, 유머가 배어 있는 듯했다. 러시아어는 낯설고 어렵지만, 이 땅의 영혼들을 향한 주님의 마음을 품고자 하니 그 모든 것이 하나의 기쁨이 되었다.

어느 날 새벽기도 시간 말씀을 전하며, 통역에게 '미혹'이라는 단어의 의미를 아느냐고 물었더니 모른단다. 이 단어를 모르는데 지금까지 어떻게 통역했을까 하는 의문이 들어 김 선교사님께 여쭈었더니 담담히 말씀하신다. "그래도 주님께 감사한 것은, 통역자가 50% 정도라도 복음을 전할 수 있다는 사실입니다. 이 분들이 이 추운 날씨에도 새벽마다 나오는 것은 모두 주님의 은혜지요." 맞다. 지금 이곳은 여전히 영하에 가까운 추위지만, 그럼에도 새벽기도에 모인 인원이 무려 21명이나 된다. 말씀을 온전히 이해하지 못하더라도, 복음을 향한 갈급함이 이들을 교회로 이끄는 것이다. 주님! 맞습니다! 이 모든 것은 주님의 은혜입니다.

> "주님, 언어는 다르고 이해는 더딜지라도, 순수한 러시아 고려인 영혼들을 따뜻하게 안아주소서."

기다리는 법을 배우며

> "사람이 내 말을 듣고 행하지 아니하면 그 집을 모래 위에 지은 어리석은 사람 같으니…."(마 7:26)

오늘 이곳 사할린 기온은 영하 20도. 살을 에는 듯한 추위 속에도 공기는 맑고 하늘은 눈부신 햇살로 가득하다. 주님 은혜로 사할린 꼬르사꼬프 교회에 머문 지도 어느덧 한 달이 가까워 온다. 지난 수요일 예배는 마태복음 6장 "용서"에 대한 말씀을 전했다.

모두들 진지하게 말씀을 들었기에, 금요일 예배에서 물어보았다. "수요일 말씀대로, 이번 주에 누군가를 용서한 분이 있다면 간증해 보시겠습니까?"

말씀을 귀 기울여 듣던 그들이었지만, 아무도 일어서지 않았다. 용서할 사람이 없었던 것일까? 믿는 자들은 말씀을 많이 듣는다. 그래서 말도 잘하고 이론도 많이 안다. 하지만 정작 주님 말씀대로 살아가려는 순종의 걸음은 내딛기는 쉽지 않다. 진짜 크리스천이 된다는 것은 말씀을 아는 것만이 아니라, 그 말씀을 따라 살아가는 데 있을 것이다. 적막 가운데 다시금 깨닫는다.

혼자 교회를 지키며 머물고 있으니, 마음은 고요해지고 생각은 깊어진다. 주님은 왜 김영원 선교사님 부부를 이 땅까지 보내셨을까? 이분들은 한국에 계셨다면 편하고 풍족하게 사셨을 분들이다. 그러나 주님 부르심을 따라 이 척박하고 거친 땅으로 순종하며 오셨다. 샤워를 해도 물이 밖으로 튈까 봐 몸을 웅크리고 씻는다. 제대로 된 그릇 하나 없어 식사 때마다 대체 어떤걸 써야 되나 고민하게 된다. 그 무엇도 자르기 어려운 칼, 다음에 올 땐 칼 가는 연장이라도 사다 드려야겠다는 생각이다. 무엇보다 괴로운 건, 친한 척 달려드는 정말 똑똑한 러시아 쥐다. 박 권사님이 주신 끈끈이와 쥐약을 놓았지만, 이놈들이 종이를 살짝 밀고 요리조리 피해 다닌다. 도무지 잡혀주질 않으니 이곳에는 진짜 '살아남는 쥐 학교'가 따로 있는 것만 같다. 이번엔 무슨 일인지 내가 온 지 일주일이 지났는데, 아침마다 조심스레 살펴보지만 쥐의 흔적이 없다. 주님께서는 내게 인내를 배우라고 하시니, 나는 오늘도 쥐 앞에서도 참고 또 참고 기다리는 법을 배우고 있다.

> "주님, 작은 일조차 주님 손에 맡기는 사할린을 주님 은혜로 채워주소서."

📖 가난한 이웃들을 주님 날개로

> 내가 진실로 너희에게 이르노니 너희가 여기 내 형제 중에 지극히 작은 자 하나에게 한 것이 곧 내게 한 것이니라."(마 25:40)

러시아에 머무르며 마음 아픈 것은 팔 없는 장애인들이 많다는 사실이다.

손가락 잘린 여성들도 있고, 몸의 일부분을 잃은 이들이 여럿이라 그들의 육신을 보면, 이 나라의 힘난하고 고단한 흔적이 느껴진다. 얼마 전엔 팔 없는 할머니 잠바 지퍼를 잠가드렸는데, 오늘은 또 샤샤의 부인이자 말 잘 못하는 이레나가 내게 다가와 조심스레 자기 옷 지퍼를 올려달라고 부탁한다. 나는 지퍼를 올려준 후 "잘 가요."라고 인사를 건네자, 그녀는 해맑게 웃으며 고개를 끄덕였다. 예배 시간에 이레나를 보면 오히려 내가 은혜를 입는다. 그녀는 말은 잘 못하지만, 말씀을 전할 때 눈이 뚫어지도록 집중하며 들으려 애쓴다. 그 마음 하나만으로도 주님은 분명히 기뻐하시리라.

점심 시간이 되면 늘 수고를 아끼지 않는 타냐 자매가 오늘도 따뜻한 식사를 준비했다.

오늘은 조금 특별한 날로, 우즈베키스탄에서 이주해 온 60세 고려인 총각 알렉산더의 생일이다. 이곳에선 생일 맞은 사람이 정성껏 음식을 준비해 오는 문화가 있다. 알렉산더가 과일과 케이크를 가져와 나눴고, 식사 후 남은 음식은 모두 조심스레 주머니에 넣어갔다.

아마도 이분들에게 주일은, 일주일 중 가장 풍성하고 따뜻한 날일 것이다. 그들 표정에서 작지만 귀한 위로와 기쁨이 피어난다.

사할린과 러시아 땅에서 주님의 손발이 되어 이들을 오래 섬기고 계신 김영원 선교사님은, 오늘도 주님과 동행하며 외롭고 불쌍한 이웃들에게 묵묵히 사랑을 전하신다. 주님은 선교사님께 이렇게 말씀하셨을 것이다. "영원아, 저 멀리 있는 내 자녀들을 부탁한다. 세상에서 잊혀진 것처럼 보이지만, 나는 그들을 잊지 않앉았단다. 내가 너를 그들에게 보내노라."

"주님, 이 땅의 약하고 가난한 이웃들을 주님 날개 아래 품어주소서."

열악한 러시아 병원

"내가 병들었을 때에 돌보았고 옥에 갇혔을 때에 와서 보았느니라."(마 25:36)

　오늘은 김영원 선교사님과 통역 맡은 박금자 권사님과 병원에 입원해 계신 러시아 할머니 한 분을 문병하였다. 멀지는 않았지만 울퉁불퉁한 도로로 인해 차가 요동치듯 흔들렸다. 5층짜리 병원에 도착해 보니, 입구는 오래된 아파트 계단처럼 좁고 가팔랐고 엘리베이터는 없었다. 걸어서 3층까지 올라가니 한 방에 할머니 일곱 분이 누워 계셨다.
　노인병원 같은데 시설이 열악하고 정돈되지 않은 모습이다. 하얀 이불을 덮고 누워 계시던 러시아 할머니가 우리 일행을 보곤 반가움에 몸을 일으켜 보려 했지만, 고통스러운 듯 움직이지 못하신다. 침대도 병원용 아닌 일반 침대라 기댈 곳조차 없이 누워 계신 모습이 안쓰러웠다. 미국의 노숙자 보호소도 이보단 나을 것 같다.
　이 할머니는 꼬르사꼬프 교회에 출석하는 러시아인 신자인데, 며칠 전 갑작스럽게 건강이 악화되어 병원에 입원하셨다. 80이 넘어 아픈 몸으로 엘리베이터도 없이 5층 건물을 어떻게 오르내리셨을까? 예전에 갈비뼈에 금 가는 부상을 입었을 때, 5층까지 간신히 올라갔는데 필름이 없어 엑스레이를 못 찍었다는 선교사님 이야기가 떠올랐다. 김 목사님은 할머니 손을 잡고, 건강을 회복해 다시 예배

드릴 수 있게 해달라고 간절히 기도하셨다. 돌아오는 차 안에서 나는 하나님을 믿는 나라, 복음을 품은 나라는 참으로 복 받은 나라라는 생각이 들었다. 한국도, 미국도 모든 면에 부족함 없이 하나님 은혜를 누리며 산다.

> "주님, 회복을 기다리는 할머니들께 주님의 자비와 긍휼을 베풀어 주소서."

전도의 기회는 어디서나

> "가난한 자를 보살피는 자에게 복이 있음이여...여호와께서 그를 병상에서 붙드시고 그가 누워 있을 때마다 그의 병을 고쳐 주시나이다."(시 41:1-3)

탄자니아에서 주님 위해 일하시는 사람들을 보면, 기뻐하시는 주님 미소가 보이는 듯 하다. 에티오피아 선교가 식민지 지배를 받지 않고 고대 기독교 유산을 간직한 내륙국으로, 선교적 접근이 전통과 영성이 깊은 땅에 새로운 부흥의 씨앗을 심는 일이라면, 탄자니아는 풍부한 자연과 다문화가 공존하는 해안국으로, 다양한 종교와 언어 속에 복음을 삶으로 전하는 살아 있는 선교 현장이다.

탄자니아에서 한국으로 돌아오기 며칠 전 내 마음은 참으로 복잡하고 두려웠다. 주님은 나를 어떻게 보실까? 잘했다는 말보다, 왜 그렇게밖에 살지 못했느냐는 책망이 들리지는 않을까 하는 마음이 들었기 때문이다. 이 땅의 삶이 끝나고 주님 앞에 서게 되는 날, 과연 나는 어떤 모습으로 그분 앞에 설까? 그 질문은 늘 나를 두렵게 한다. 아이러니하게도 교회 다니는 사람들일수록 두려워하는 이유는 하나님이 어떤 분이신지 어떤 심판이 있는지를 알고, 자신의 삶이 그 기준에 못 미친다는 걸 알기 때문일 것이다. 물론 아내에게 겨우 허락을 받았지만 나

역시 한국으로 돌아올 때, "이대로 주님 앞에 설 수는 없다. 이건 마지막일 수 있다."는 마음으로 한국으로 왔다. 어쩌면 지금이 마지막 기회일수도 있겠다는 두려움에 떠나야겠다는 결단을 한 것이다. 그때 나는 시편 41장 1-3절 말씀을 붙들었고, 나는 가난한 자와 불쌍한 자를 위해 나의 남은 삶을 드리기로 작정했다. 그 마음조차도 실은 주님께서 허락하신 은혜다.

예수님을 따르는 삶은 남을 위한 삶이다. 그분께서 그렇게 사셨으니 우리도 그렇게 살아야 마땅하다. 입술로만 사랑한다고 하지 말고, 삶으로 사랑을 보여야 한다는 생각으로 그렇게 살겠노라 다짐하고 왔지만, 여전히 수없이 무너지고 수없이 회개하는 길을 걷고 있다. 주님 인도하심 따라 걷는 동안 "불쌍한 자를 보살피면 환난 날에도 여호와께서 그를 건지신다."는 말씀을 체험하며, 나는 여전히 부족하지만 주님은 약속대로 놀랍도록 풍성한 은혜를 채워주셨다. 그럼에도 주님 앞에 설 때 이렇게 말하고 싶다. "주님, 잘하지는 못했지만 하려고 애썼습니다." 다음은 주님께서 판단하실 일이다. 다행히 지나온 시간을 돌아볼 때 주님께서 기뻐하셨을 거라는 확신은 있다. 주님의 인도하심만을 믿고 떠나자, 주님은 거처할 집을 예비해 주셨고 냉장고에는 항상 먹을 것이 넘쳐 부족한 나에게 주님은 시편 약속대로 친히 돌보아주시고 풍성히 베푸셨다. 이번 탄자니아 '요셉의 곡물창고' 선교 여행도, 진행되는 일들과 참여한 이들의 얼굴을 보며 주님께서 이 일을 기뻐하고 계심을 느낄 수 있었고 앞으로 주님이 어떤 일을 이루실까 기대로 가슴 벅찼다.

선교 여행 후 내가 코로나에 걸렸다는 것을 알게 되었을 때, 나는 주님께 간절히 기도 드렸다. "주님, 제발 다른 사람들에게 옮지 않게 해주세요." 주님은 내 기도를 들으셔서 같은 방에 지냈던 이 화백은 음성판정을 받았고, 나는 확진자로 병원에 입원하게 되었다. 그때 병실에서 장애인 수영학교를 운영하는 조계형이라는 청년을 만났다. 그는 예수님을 믿지는 않았지만 정신이 바르고 선한 사람으로 그가 이렇게 말했다. "주변에 교회 다니는 사람은 많은데, 누구도 내게 예수님에 대해 전한 적이 없습니다." 그 말에 나는 기도하며 그에게 어떻게 예수님을 전할지 고민할 때, 주님은 여항전항교회 조 전도사님, 도산교회 김 목사님 내외분을 통해 물품을 보내주셨고, 나는 그것을 병실에 있던 세 사람과 나누었다. 조제형 형제가 이렇게까지 챙겨주신 분들이 누구냐고 물어, 내가 한국에 와서 만난 예수님 믿는 사람들이라고 하자, 그가 "저도 예수님을 알아보고 싶어요." 라고 했다. 퇴원하며 나는 내 성경책을 그에게 건넸고, 그는 꼭 읽어보겠노라 약속했다. 주님께서 탄자니아를 다녀온 내게 주신 선물은 전도의 기회였고, 이 화백과의 격리 역시 하나님께서 계획하신 일 같았다.

> "주님, 움직일 수 있는 동안 기쁘게 주님께 충성하다 주님 품에 안기게 하소서."

기도로 버텨 기적으로 채운 집

> "의인은 믿음으로 말미암아 살리라."(롬 1:17)

탄자니아 모시(Moshi)에서 차로 한 시간 반쯤 떨어진 시골 마을 Kahe(카헤)에는, 파라자 홈(Paraja Home)이라 불리는 작은 장애인 고아원이 있다. 스무 명의 장애 고아들을 돌보는 원장은 Martha(마르다)로, 순복음 교회에 출석하며 뜨겁게 기도하고 사랑으로 아이들을 돌보는 마음 따뜻한 주님의 종이다. 나는 탄자니아 현지 망가 목사님께 "가장 도움이 필요한 고아원이 어디냐?"고 물었고, 소개받은 곳이 바로 이곳 파라자 홈이다. 오직 주님만 바라보며 기도하는 이곳을 방문했을 때, 마르다가 안타까운 사연을 전해주었다. "주변에 더 많은 장애 아이들이 우리 고아원에 들어오길 원하지만, 지금 공간으로는 더 이상 수용할 수 없어요. 부모님들은 낮에 일을 가야 하니, 아이들을 발목에 줄을 묶어 집 안에 두고 가야 해요."

자유롭게 뛰놀아야 할 아이들이, 장애를 이유로 묶인 채 방에 갇혀 있다는 현실이 가슴이 아팠다. 그녀는 나에게 간절한 기도 제목을 나눠주었다. "전에 한 분이 후원해줘 건물을 짓다 중단된 곳이 있어요. 1층에서는 예배를 드리고 아이들이 춤도 추고 놀 수 있는 공간인데, 2층에 아이들이 머물 방을 만들고 싶어요. 그러면 더 많은 아이들을 수용할 수 있을 거예요." 그때 나는 마르다에게 기쁜 소식 하나를 전했다. "지난번에 이병철 선교사님과 함께 이곳에 왔을 때, 그 미완성 건물을 보고 '내가 일꾼들을 데려와 이 건물을 완공하겠다'고 약속하셨어요." 그 말을 듣는 순간, 마르다와 일하는 안나 눈가에 눈물이 그렁그렁하며, "주님께서 하셨습니다. 이 집은 기적의 집이에요."라고 했다. 이제 2층을 지을 수 있게 해달라고 기도하겠다고 한다. 기도로만 버텨온 집, 기적으로 채워지는 집, 그 기도가 또 다른 기적의 씨앗이 될 것을 믿는다.

> "주님, 이 집을 주님의 은혜로 기적으로 채워주소서. 아이들이 자유롭게 숨 쉬고, 찬양하고, 웃고, 살아갈 수 있도록 하늘 문을 열어주소서."

파라자 장애고아원 가는 길

> "너희가 여기 내 형제 중에 지극히 작은 자 하나에게 한 것이 곧 내게 한 것이니라."(마 25:40)

오늘은 이 화백과 아프리카 탄자니아 모시 근처 파라자 장애 고아원을 찾는 날로, 네 번째 방문이다. 갈 때마다 느끼지만, 이곳 아이들은 모두 마음을 무장

해제시키는 투명한 눈망울을 지니고 있다. 겨울이 닥쳐오는데, 아이들은 여전히 얇은 담요 하나로 추위를 견디고 있다. 지난번 방문 때 이불을 몇 개 사다 주었지만, 남은 아이들이 여전히 추위에 떨고 있을 걸 생각하며 이 화백과 슬리핑백 13개를 들고 가는 길이다. 가서 직접 빨아주고 덮어줄 작정이다. 창밖은 뿌연 황토 먼지로 가득하지만, 주님은 이 여정을 축복해주시는 듯 예상치 못한 기쁨과 웃음을 안겨주셨다. 이 화백의 자동차에 연료 경고등이 반짝여서, 근처 주유소에 들렀더니 이곳은 사탕수수 공장 차량만 주유할 수 있어 일반인 이용은 불가하다며 저기 가게로 가보라고 한다. 자동차 기름을 구멍가게에서? 이곳에선 무엇이든 가능하다. 그 말을 믿고 따라가니, 그곳엔 페트병에 휘발유를 담아 파는 장면이 기다리고 있다! 한 병에 7,000쉴링, 우리가 열 병을 사겠다고 하자 주인 입이 귀에 걸린다. 문득, 남미 페루 선교 당시, 등에 커피 기계를 지고 다니며 길거리에서 커피를 팔던 이들이 떠올랐다. "이 사람 언젠가 탄자니아에서 큰 부자가 되거나, 기발한 아이디어로 성공할 것이다!"

먼지를 헤치며 달리던 길 위에 또 다른 놀라움, 당나귀 네 마리를 묶어 마차를 끌고 가는 사람이 모습이 마치 영화 벤허의 한 장면 같다. 마부는 높이 올라 채찍을 휘두르며 멋지게 내달린다. 이곳 탄자니아에서 벤허를 보다니, 이날 여정은 그야말로 기이하고 유쾌한 하나님 선물로 가득했다.

> "주님, 불가능한 상황 같은 때에도 길을 내어 주시니 감사합니다."

탄자니아 프로젝트를 축복하며

> "너희가 만일 전심으로 나를 찾고 찾으면 나를 만나리라."(렘 29:13)

오늘은 Angaza를 지나 MGABOBO 교회에 가서 세미나를 했다. Peter 목사님은 기본적인 유기농 개념과 Angaza에서 그동안 해온 사역에 대해 이야기를 나누었고, 나는 GBM(세계 신부 사역)에 대해 이들에게 알렸다. "GBM은 하나님께서 계획하신 아프리카, 그 중에서도 탄자니아를 특별히 택하셔서 우리를 이곳에 보내셨습니다. 마이클 박 목사님과 김영원 선교사님은 하나님 손에 붙들린 분들로, 오래 전 박 목사님에게 탄자니아에 대한 비전을 주셨고, 이제 하나님께서 그 비전을 이루어가고 계십니다." 참석한 이들이 마케팅에 대해 염려하기에, 나는 "이 프로젝트는 주님께서 계획하신 것으로, 처음에는 어려움이 따를 수 있겠으나 점차 자연농업이 알려지면 전 세계가 탄자니아 채소에 주목하게 될 것입니다. 특히 부유한 사람들은 GMO(Genetically Modified Organism의 약자, 즉 유전자 변형 생물)이 없는 건강한 채소가 탄자니아에서 자라고 있다는 사실을 알게 되면, 기꺼이 값을 치르고 구입할 것이니 여러분의 삶은 나아지고 행복해질 것입니다." 라고 확신을 주었다. 또한 탄자니아 정부와도 접촉하고 농림부 장관 또한 이 계획을 기쁘게 여기고 있다고 전했다. 그리고 우리는 이곳에 돈을 벌기 위해 온 것이 아니고, 하나님께서 이곳 사람들을 돕기 위함이라며 기도를 요청했다. 이 프로젝트를 주님께서 축복해주시기를 간절히 기도하자는 내 말이 끝나자, 모두 한 목소리로 "아멘!"으로 화답했다.

> "주님, 탄자니아와 이 백성을 축복해 주소서."

에티오피아에 임재하신 주님

> "주의 영이 계신 곳에는 자유가 있느니라."(고후 3:17)

오늘은 주일로 에티오피아 한 지역에 있는 천 명 규모의 교회에서, 삼손 목사님이 요한복음 말씀을 전하는 날로 나도 동행했다. 교회 건물은 양철 지붕과 벽으로 지어진 소박한 공간이나, 그 안은 성령의 불로 가득 찼다. 예배가 시작되자 회중은 일제히 찬양하며 춤추고, 영혼을 쏟아 기도하며 하나님을 뜨겁게 만났다. 삼손 목사님의 열정적인 설교는 그들의 심령을 흔들었고, 은혜는 깊게 스며들어, 회개하며 울고 귀신이 떠나가는 놀라운 역사가 일어났다. 예배가 끝난 뒤 많은 이들이 다가와 감사 인사를 전했다. "오늘 하나님이 제 삶에 말씀하셨습니다." "제 마음의 돌덩이가 녹아 내렸습니다." 그들 눈빛 하나하나가 주님 앞에 드리는 고백이다.

예배를 마치고 나가려던 우리에게 점심을 함께 하자며 담임목사님께서 붙잡으셨다. 우리는 커피만 하겠노라고 하자, 멋진 커피숍에서 우리를 대접해주셨다. 따뜻한 섬김 속에 서로의 사역을 축복하고, 하나님 나라를 이야기하며 짧지만 깊은 교제를 나누었다. 침례식과 고아학교 아이들과의 만남을 마치고, 우리는 에티오피아 재향군인들을 만나기 위해 아디스아바바로 가는 길에 올랐다.

> "주님, 오늘도 예배의 현장마다 주님 임재로 가득했고, 말씀은 살아 움직였으며, 사람들 마음은 새롭게 되었습니다. 이 모든 일을 이루신 분은 주님이십니다."

러시아 모기에게 배운 지혜

> "너희 중에 누구든지 크고자 하는 자는 너희를 섬기는 자가 되고… 너희 중에 누구든지 으뜸이 되고자 하는 자는 너희의 종이 되어야 하리라."(마 20:26~27)

오른쪽 팔꿈치가 가려워 만져보니 약간 부어올랐다. 아하, 또 물렸다. 모기다. 더위가 오는 걸 보니, 러시아에도 본격적인 모기철이 시작된 듯하다. 여기저기 물릴 때마다, 전에 다니던 러시아 하롤 지역이 생각난다. 하롤은 블라디보스토크에서 두 시간쯤 떨어진 작은 마을로, 그곳엔 쥐들도 약아빠졌었는데 이곳 모기들도 만만치 않다.

동작은 번개 같고, 머리도 좋다. 이쯤 되면 '러시아 생물 서바이벌 학교'가 진짜 존재하나 싶다. 김영원 선교사님께서 사할린 꼬르사꼬프 교회를 세우신 뒤, 이곳에 극동 선교센터를 세우셨다. 나는 여러 번 이곳에 왔지만, 여름에 방문한 건 참 오랜만이다. 겨울엔 영하 40도까지 내려가니 모기는 그림자도 없지만, 여름이 되면 상황이 달라진다. 그런데 이곳 모기들은 그냥 모기가 아니어서 머리 좋은 엘리트 모기들이다. 정말 조심해서 방에 들어왔건만, 불을 끄면 어김없이 들려오는 "앵"하는 소리. 귓가를 간지럽히며 잠을 깨우는 기막힌 진동이다. 이 화백은 이럴 때 반드시 불을 켜고 모기를 잡기 전까진 절대 못 주무시는데, 나는 좀 둔해서 그런지 그냥 이불을 뒤집어쓰고 자버린다. 그리고 아침에 일어나고 면, 여지없이 두세 군데는 물려 있다.

그러던 어느 날, 기가 막힌 아이디어가 떠올랐다. "그래, 내가 먼저 양보하자. 오늘은 네가 배불리 저녁을 먹을 기회를 줄게 실컷 먹어. 그 대신 식사 후엔 내가 널 직접 대면하겠어." 실제로 몇 군데 물린 후, 불을 켜면 모기들이 배를 불리고 벽에 딱 붙어 쉬고 있다. 다행히 벽이 하얀색이라 찾기 쉽고, 무엇보다도 피를 빨아 먹어서 배가 빨갛게 부풀어 오른 상태라 더 잘 보인다. 그때 한 손바닥이면 된다. "짝!" 피가 터지고 벽이 얼룩진다. 하지만 그렇게 몇 마리를 처치하고 나면, '앵' 소리는 사라지고 나는 평화롭게 숙면을 취할 수 있다. 이것이 내가 러시아에서 체득한 모기 퇴치 비법이다. 가만 생각해보면 인생도 꼭 이와 같다. 손해 없이 살겠다는 마음만으로는 진정한 평안도, 지혜도 얻을 수 없다. 때론 내가 조금 물려야 한다. 내가 조금 져야 한다.

그래야 상대의 실체가 드러나고, 나는 나의 싸움을 끝낼 수 있다. 물론 모기 입장에선 생명을 내놓아야 하니 대가가 크다. 그래서 주님도 "먹기를 탐하지 말라."이렇게 말씀하지 않으셨던가.

> "주님, 오늘도 소소한 삶 속에서 주님의 지혜와 유머를 배우게 하시니 감사합니다."

탄자니아에서 갓 구운 빵을 들고 주님께 감사드리는 모습

제 3 부
성령의 단비를 내려주소서

주님만 의지하고 가는 길

주님이 기뻐하시는 사역

믿음의 선조 박해병 장로님

판단은 주님께 속한 것

넘치는 기도와 감사의 비밀

주님 뜻대로 행하는 자라야

하나님과 이어가는 교제

정직이를 위한 발걸음

염려 대신 기도로

선교사 손 잡아준 이찬기 화백

낮은 자리에서 헌신해야 맺히는 열매

천국에 보물을 쌓는 삶

거제도 장안교회 서승조 목사님

제 3 부
성령의 단비를 내려주소서

📖 주님만 의지하고 가는 길

> "복 있는 사람은 악인의 꾀를 좇지 아니하며, 죄인의 길에 서지 아니하며, 오만한 자의 자리에 앉지 아니하고, 오직 여호와의 율법을 즐거워하여, 그 율법을 주야로 묵상하는 자로다. 저는 시냇가에 심은 나무가 시절을 따라 과실을 맺으며, 그 잎사귀가 마르지 아니함 같으니 그 행사가 다 형통하리로다."(시 1:1-3)

미국에 온 지 1년 4개월 만에 다시 한국으로 간다. 그동안 주님께서는 시편 1편 1절에서 3절 말씀을 주야로 묵상하게 하셨다. 전에 세탁소를 할 때는 일주일이 멀다 하고 기계가 고장 나고, 예기치 않은 일들이 자주 발생했다. 새벽에 걸려오는 전화는 대개 기계 고장이다 보니, 하루를 긴장 속에 시작했다. 그러나 이번 미국 체류 동안에는 기계 고장이 거의 없고, 문제가 생겨도 고칠 수 있는 무사고 시간이었다. 하지만 주님께서는 가게 파는 일은 허락하지 않으셨다. 몇몇 사람이 곧 살 것처럼 했으나 매매는 이루어지지 않아, 우리 부부에게 주님의 다른 계획이 있으신 듯했다.

"네가 가진 것을 믿지 말고, 오직 나만 믿고 따라오라." 하시는 주님 음성이 마음에 들렸다. 그리고 "이제는 내가 주는 것만으로 살아라." 하시는 주님 뜻 같았다. 며칠 전 우체통을 열었더니 멀리 노스캐롤라이나 김 장로님으로부터 편지가 와 있었다. GBM(Global Bride Ministries)의 마이클 박 목사님을 통해 알게 된

분으로, 전에도 그분이 헌금을 보내주신 덕에 섬들과 러시아에 다녀오고 많은 이들을 도울 수 있었다. 지난번 박 목사님 댁에 갔을 때 성함과 주소를 알아 감사의 뜻을 전했었다. 이번에도 김 장로님께서 선교비로 5,000달러를 보내주셨다.

미국에서 한국으로 돌아가면 섬과 농어촌 어려운 이들이 내게 무언가를 기대할 수 있겠다는 생각에 마음이 무거웠지만, 주님께서는 그들을 잊지 않으시고 장로님 덕분에 내가 빈손으로 가지 않게 하셨다. 주님께서 주의 종들을 얼마나 소중히 여기시는지 다시금 깨달았고, 나는 이제 주님만 믿고 의지하고 가겠다는 자신이 생겼다. "너희는 먼저 그의 나라와 그의 의를 구하라. 그리하면 이 모든 것을 너희에게 더하시리라."(마 6:33) 이 말씀처럼 하나님 나라와 그분의 의를 먼저 두었을 때, 내가 힘쓰고 애써 얻는 것이 아니라 필요한 것들이 채워지는 것을 깨달았다.

> "주님, 지금까지 풍족하게 채워주신 주님 은혜에 찬양과 감사를 드립니다."

주님이 기뻐하시는 사역

> "그 주인이 이르되 잘하였도다 착하고 충성된 종아 네가 적은 일에 충성하였으매 내가 많은 것을 네게 맡기리니 네 주인의 즐거움에 참예할지어다 하고."(마 25:23)

오래 전 박 목사님 댁에 몇 주 머무른 적이 있던 인연으로, 나는 박 목사님과 친하게 지내고 있다. 목사님은 마음이 약해서, 내가 지난 일들을 써 보내면 한숨을 푹 쉬시며 마음 아파하시고 또 그 일에 뛰어드신다. 바쁘고 할 일 많은 분인데 괜한 말을 꺼낸 건 아닐까 싶어, 얼마나 미안하고 죄송하고 고마운지 모르겠다.

옛날 박 목사님께 들은 참 대단하신 목사님 멘토 이야기가 생각난다. 무슨 일인지 몰라도 그 기도원에 오는 암 환자들은 목사님과 장로님을 제외하고는 거의 다 나았다고 한다. 그분은 그날 들어온 헌금 액수를 동전까지 보지도 않고 알아맞히셨고, 자동차 키를 못 찾아 모두 열심히 찾고 있을 때 기도하시고는 "어디를 찾아보라." 하셔서 가보면 정말 그곳에 있었다고 한다. 이분이 천국 모습을 자주 보시는데, 박 목사님은 천국 이야기를 할 때마다 조르셨던 것 같다. "천국에 가면 누가 가장 상을 많이 받았는지 알아봐 주세요." 그런데 대답은 "주님 앞에 가면 다 잊어버린다."는 것이었다.

그런데 어느 날 멘토께서 "나는 눈이 많이 오는 겨울에 천국으로 가게 될 것이다."라고 하시며, 박 목사님이 그렇게 궁금해하시던 천국에서 큰 상을 받은 어느 섬의 목사님 이야기를 들려주셨다고 한다. 멘토 분이 천국에 가서 가장 아름답고 큰 집을 보고 "이 집이 누구의 집입니까?"라고 주님께 여쭈었더니, 주님께서 한국의 어느 작은 섬을 가리키셨다고 한다. 그 섬은 주민도 몇 명 안 되는 작은 섬이었는데, 그곳에 한 목사님이 젊은 시절 들어와 평생을 그 섬에서 보내신 분이었다. 그동안 여러 번 짐을 싸서 나가려고 했지만, 아마 주님께서 붙드신 것 같다. 결국 나가지 못하고 평생을 그곳에서 보낸 늙은 목사님을 주님께서 가리키시며 "저 종의 집이다."라고 하셨다는 것이다.

나는 이 이야기를 들으며 그 순간 섬 사역에 마음이 끌렸다. 주님이 사랑하시는 여러 목사님을 위하여 쓰임 받으면 이건 정말 엄청난 복이겠구나 하는 마음이 들었다. 그 후 섬을 찾기 시작하며 기도할 때마다 나는 가슴이 뛰었다. 믿음 생활도 지혜롭게 해야 할 것 같다. 열심히 일했는데 주님이 "나는 너를 알지 못하노라." 하시면, 이보다 억울한 일이 또 어디 있을까? 같은 일을 해도 주님이 정말 기뻐하시는 일을 하는 자는 "말씀만 하시옵소서." 하고 크게 칭찬받은 백부장과 같은 지혜로운 자일 것이다.

> "주님, 평생 외롭게 섬에서 충성하다 은퇴하시는 분들 거처를 위해 일하게 하시니 감사합니다."

믿음의 선조 박해병 장로님

> "믿음의 결국 곧 영혼의 구원을 받음이라."(벧전 1:9)

나에게는 우리 가족의 영광으로 자랑할 수 있는 믿음의 선조 할아버지가 계신다. 지난번 LA에 계신 형님 박 목사님 댁에 일주일간 머물렀는데, 그곳에서 목사님께서 들려주신 이야기가 바로 아버지께서 돌아가시기 전 전해주신 나의 증조 할아버지 박해병 장로님에 관한 이야기였다.

할아버님은 옛날 무관(군인)으로 계시다가, 한국에 온 미국 선교사의 전도로 주님을 믿게 되셨다. 그때부터 집안에서 혼자만 주님을 믿고 동대문 감리교회를 다니며, 온 가족으로부터 따돌림을 당해 결국 사랑채에서 홀로 지내셨다. 그 시절 주님을 믿는 일은 따돌림 받기 쉬운 외롭고 좁은 길이었다. 그러나 주님께서는 우리가 주님을 선택할 때 믿지 않는 주변 사람들로 인해 어려움을 겪게도 하신다. 고난을 당함으로 우리 믿음이 더욱 굳건하게 자라도록 하시는데, 이것은 주님이 특별한 사람들에게 주시는 훈련 방식이며 사랑의 표현이다.

돌아가신 아버지의 어린 시절, 어느 날 증조 할아버지께서 아버지를 부르시고 말씀하셨다. "노수야, 내가 오늘 간다." 아버지는 증조부가 잠시 어디 외출하신다는 말씀으로 생각하셨는데, 그날이 바로 주님 부르심을 받아 천국으로 떠나신 날이었다. 증조 할아버님은 영이 깊으셔서, 천국 가시는 날까지도 아시고 준비하셨다. 지금 우리 가족이 열심히 주님을 믿는 것은 우연이 아니며, 또한 대부분 가정에서는 여자들이 더 열심히 믿는데 우리 가족은 남자들이 더 열심히 믿으니 이것도 우연은 아닐 것이다.

> "주님, 우리 가족에게 믿음의 씨앗을 심어주셔서 감사합니다. 우리 자손 중에도 할아버님 같은 위대한 믿음의 용사들이 나오도록 도와주시옵소서."

📖 판단은 주님께 속한 것

> "그러므로 남을 비판하는 사람아, 누구를 막론하고 네가 핑계하지 못할 것은 남을 판단하는 것으로 네가 너를 정죄함이니, 판단하는 네가 같은 일을 행함이니라."(롬 2:1)

도산교회 어느 할머니 이야기다. 조금 떨어진 마을에서 혼자 교회에 다니시던 분인데 동네 사람들로부터 교회에 다닌다고 핍박을 받으셨다. 그런데 할머니 신앙생활은 좀 엉망으로, 어느 날은 목사님께 백만 원을 빌려달라고 하셨다. 농촌교회 목사님이 무슨 백만 원이 있겠는가? 없다고 하니 1년 교회에 나오지 않으셨다가, 어느 날 교회에 나가도 되겠느냐고 전화를 하셨다고 한다. 물론 반갑게 오시라고 하자 다시 나오셔서 말썽도 부리셨지만, 없는 형편에도 십일조는 꼭 하셨다고 한다.

얼마 후, 할머니께서 돌아가셨다는 연락을 받고 장례식에 갔는데 제사를 지내려다, 그때 유일하게 교회에 다니던 큰아들이 "어머니가 환상 중에 '천국에 오니 너무 좋구나. 제사 다 치우라'고 하셨다"고 했단다. 그러면서 말씀을 들려주신 사모님은 "천국에 들어가는 건 우리가 판단할 일 아니에요. 우리가 보기엔 하찮고 엉망 같은 믿음이나, 주님 보시기엔 좋으셨던 가봐요. 그래서 주님께서는 서로 비판하지 말고 판단하지 말라."고 하셨다.

흑일도 최경숙 전도사님은 아이들이 다단계에 손을 댔다가 1억 5천만 원의 빚을 지게 되었다. 도저히 감당할 수 없어 주저앉았을 때, 마음에 주님께서 "쨍하고 해뜰 날 돌아온단다."라는 유행가의 가사를 주님께서 바꾸어 부르시게 하셨다. 그 노래를 부른 후 얼마 지나지 않아 빚을 모두 갚았다며, 주님께서는 찬송가뿐 아니라 유행가로도 길을 열어주신다고 했다. 서울에 계신 권사님이 픽업트럭도 보내주셨고, 한 교회에서도 초청하여 그 노래를 불렀더니 누가 같이 CD를 내자고 하고 반응이 너무 좋았단다. 주 총회 모임에서 다시 불러달라는 요청을 받으셨다니, 우리가 무엇이기에 감히 주님께서 주신 은혜의 도구를 판단할 수 있겠는가? 주님께서 기뻐 쓰시는 목사님들 중에는 말이 거칠고 심한 말 하는 분들이 계시다. 그렇다고 우리가 비판할 수 있을까? 그들을 쓰시는 하나님의 계획을, 어리석은 우리 머리로 어찌 감히 판단할 수 있을까?

> "주님, 주님의 관점으로 이웃을 바라보는 믿음을 허락해 주시옵소서."

넘치는 기도와 감사의 비밀

> "항상 기뻐하라. 쉬지 말고 기도하라. 범사에 감사하라. 이는 그리스도 예수 안에서 너희를 향하신 하나님의 뜻이니라."(데전 5:16~18)

하나님의 말씀은 다양하다. 성경을 통해서, 선포된 말씀을 통해서, 꿈과 환상을 통해서, 또 다른 이들의 간증을 통해서 우리에게 다가오신다. 그러나 주님의 음성을 밝히 듣기 위해 반드시 필요한 조건이 있다. "기뻐하라, 기도하라, 감사하라."는 세 가지 말씀이다.

기도할 때와 하지 않을 때는 다르다. 기도하지 않으면 하나님께서 말씀하셔도 잘 분별하지 못하지만, 기도하면 심령이 깨끗해져 속지 않게 되고 말씀을 올바르게 깨닫게 된다. 기도는 하나님과의 대화이며, 우리가 주님 앞에 나아가는 이유는 주님을 만나기 위함이다. 예수님 당시에 군중들이 얼굴을 직접 뵙기 위해 모여들었던 것처럼, 지금은 성령으로 임재하시는 주님 앞에 더욱 경건한 생활과 믿음으로 나아가야 한다.

우리가 이 말씀들에 순종할 때 성령께서 역사하시고, 주님께서 친히 만나주신다. 묵상할수록 더 자주, 더 강하게, 더 친밀하게 주님을 경험하게 된다. 또한 기도와 감사도 분량이 차야 역사가 일어난다. 복을 담을 그릇이 준비되어야 하듯, 기도와 감사가 충만할 때 주님께서 응답하신다. 불평과 원망할 수밖에 없는 상황에서도 넘치는 감사가 있어야 한다. 기도원이나 수련회에서 성령의 은혜가 임하는 이유도 여기에 있다. 모여서 계속 기도하고 찬양하며 말씀을 들으니 충만함이 넘치고, 그때 주님의 역사가 일어나는 것이다. 하나님을 향한 태도는 몸과 마음과 뜻과 성품과 힘과 열심을 다하는 것이다. 주를 위한 수고는 결코 헛되지 않으며, 주님께서 반드시 기억하시고 넘치도록 보상하신다.

우리의 앞날은 지금의 행위로 결정된다. 지금 심는 것을 장차 거두게 된다. 신앙은 결코 우연이 아니며, 참된 복은 주님과 맺은 친밀한 관계만큼 주어진다. 구원은 은혜이지만, 그 이후의 삶은 주께 합당하게 살아야 한다. 주님이 기뻐하시는 믿음, 주님께서 인정하시는 믿음으로 살아야 한다. 그러므로 신앙생활은 오늘도 심는 일이다. 괴롭든 즐겁든 상관없이 심어야 한다. 말씀을 듣고 지키는 자가 복이 있다. 열심과 성실, 충성과 넉넉함으로 주님을 섬길 때 주님께서도 그 행한 대로 갚아주시고, 환난의 때에 보호하시며, 풍성한 은혜와 응답으로 채워주신다. 결국 우리의 신앙의 본질은 '누림'이 아니라 '영원을 심는 것'이다.

> **"주님, 저희에게 기도와 감사가 넘치게 도와주시옵소서."**

주님 뜻대로 행하는 자라야

> "나더러 주여 주여 하는 자마다 다 천국에 들어갈 것이 아니요, 다만 하늘에 계신 내 아버지의 뜻대로 행하는 자라야 들어가리라."(마 7:21)

　천국과 지옥에 대해 묵상하던 중, 주님께서 깨닫게 하신 말씀이 있다. 교회에 다니며 "주여! 주여!" 한다고 천국에 다 들어가는 것이 아니라는 주님 말씀이다. 마태복음 7장 22절에 나오는 사람들은 정말 주님을 찾고 구하고 간절히 기도하여, 예언도 하고 귀신을 쫓아내며 병 고치는 능력까지 받은 사람들이다. 이들은 선지자 노릇을 하며 죽어가는 자를 살리고, 벙어리와 장님도 고치는 놀라운 사역을 감당했다. 세상 사람들 눈에 보기엔 틀림없이 하나님 사람이라 불릴 만한 존재들이다. 또 누가복음 13장 26절 말씀을 보면, 이들은 단순한 교인이나 군중이 아니었다. 주님과 함께 먹고 마시며 주님께 직접 가르침을 받은 친밀한 관계로, 주님도 그들에게 잘한다고 칭찬해 주셨을 것이다. 그러니 그들은 "내가 주님 심부름을 하며 칭찬도 받았고, 주님과 가까이 지냈는데 설마 나에게 '너를 모른다'고 하시겠어?" 이렇게 생각했을 것이다.

　그러나 주님께서는 그렇게 생각하는 사람들에게 무서운 말씀을 하신다. "나는 너를 도무지 알지 못하노라. 불법을 행하는 자들아, 내게서 떠나가라." 아무리 주님과 친하고 능력을 인정받아 큰일을 했다 해도, 하나님 뜻대로 행하지 않았다면 주님께서는 모른다고 하신다. 주님께서 "떠나가라." 하시면 그들이 갈 곳은 천국이 아니라 지옥이다.

> "주님, 하나님을 두려워할 줄 아는 주님이 기뻐하시는 삶을 살게 하소서."

📖 하나님과 이어가는 교제

> "너희는 내 안에 거하라 나도 너희 안에 거하리라 가지가 포도나무에 붙어 있지 아니하면 스스로 열매를 맺을 수 없음 같이 너희도 내 안에 있지 아니하면 그러하리라."(요 15:4)

하나님과의 교제는 갓 태어난 아기 같고, 땅에서 갓 솟아난 연한 새싹 같다. 그러기에 이 교제는 오랜 시간 동안 정성껏 가꾸고 키워가야 한다. 이 교제는 아주 민감하기에, 우리가 부당한 것을 곁에 두려는 순간, 진리와 비진리는 함께 있을 수 없기에 성령님은 슬그머니 자리를 떠나신다. 영적 거장들은 자신을 하나님을 향해 활짝 열어놓은 깨어 있는 사람들이다. 우리 또한 "하나님, 말씀해 주옵소서."라고 겸손히 하나님을 간구해야 한다.

> "주님, 주님과 교제를 이어가기 원해 제 마음을 엽니다. 저를 받아주시옵소서."

📖 정직이를 위한 발걸음

> "자녀들아 우리가 말과 혀로만 사랑하지 말고 행함과 진실함으로 하자"(요일 3:18)

날씨가 제법 추워져 지난번 성배가 다녀가며 주고 간 잠바가 참 유용하다. 이 잠바를 입고 흑일도에 가야겠다. 얼마 전, 최 전도사님과 통화를 하는데 전화기 너머 울먹이며 하나뿐인 아들 정직이 이야기를 하신다. 어려서 섬에서 두 누이와 함께 굶으며 자라, 지금도 섬에 오는 것을 꺼리고 막노동하며 힘겹게 살아가는 아들이다.

　전도사님의 간절한 기도는 자신이 하고 있는 흑일도 목회를 아들 정직이가 이어받아 주는 것이다. 더구나 정직이가 어느 날 전화를 걸어와, 울먹이며 신학교에 가겠다고 해서 전도사님은 응답 받은 한나처럼 "이제야 주님께서 나의 기도를 들으셨나 보다." 하며 기뻐하셨다. 정직이를 만나보니 젊은 청년의 치아 상태가 너무 안 좋아 마음이 아팠다. 전도사님은 눈물 섞인 목소리로 에미로서 아이들을 너무 힘들게 키웠다며 정직이의 치아만큼은 꼭 고쳐주면 좋겠다고 하셨다. 그 말을 듣는데, 신기하게도 내 주머니 속에는 그를 도울만한 딱 맞는 액수가 있었다. 이럴 때를 대비해 주님께서는 항상 먼저 준비해 주신다.

　흑일도로 가기 위해 차를 렌트했다. 버스로 가려면 광주를 거쳐 해남, 그리고 다시 땅끝마을에서 배를 타야 하는데 정류장마다 긴 대기 시간 때문에 시간 맞추기가 쉽지 않다. 그래서 11시 반에 통영에서 차를 타고 직접 출발해, 휴게소에 들러 만두로 간단히 요기하고 지리산을 넘으니 눈발이 휘날린다. 앞이 뿌옇게 어두워지더니, 차량 내비게이션에 LPG 가스 부족 경고등이 켜진다. 경유도 아니고 LPG는 시골에서 구하기 어렵다. 눈은 내리는데 연료는 떨어지고 날씨는 추워진다. 걱정이 몰려오는데 놀랍게도 내 마음에 "주님이 인도하신다. 주님이 함께하신다."는 평안이 스며들었다. 그 믿음은 불안을 거두어 갔으나, 땅끝마을에 도착해보니 날씨 탓에 배도 없고 시간은 지났다. 오늘은 갈 수 없게 되어 최 전도사님이 평소 머무는 2만 원짜리 민박집에서 하루 밤을 묵기로 했다. 낯선 방이지만, 주님 안에서 보내는 하루는 따뜻했다. 다음날 아침, 최 전도사님이 땅끝마을에서 배 타고 사항도에서 갈아타고 오라고 하신다. 험한 뱃길이나 주님의 종 전도사님 아들을 위해 작게라도 쓰임 받을 수 있어 감사하다.

> "주님, 오늘도 주의 백성을 위해 순종의 걸음을 인도해주시니 감사합니다."

염려 대신 기도로

> "너희 염려를 다 주께 맡기라 이는 그가 너희를 돌보심이라."(벧전 5:7)

흑일도 최 전도사님에게 전화가 왔다. 아들 정직이가 보증을 잘못 서서 진 빚을 갚지 못해 섬에 내려오지 못하고 있다고 하셨다. 그 일로 마음고생이 심한 정직이를 바라보며 전도사님은 이렇게 말했다고 한다. "얘야, 빚진 거는 엄마한테 맡기거라." 정직이에게 "엄마에게 맡기니 마음이 어떠냐?"고 묻자, 그가 이제 좀 괜찮아진 것 같다고 했다. 아무것도 없는 전도사님이지만 "내 아버지가 부자시잖아요. 내가 뭐가 걱정이겠어요?" 하며 든든한 후원자처럼 말씀하신다.

요즘 배도 고장 나서 한참을 움직이지 못해 걱정할 일이 많아 보이나 이분은 염려가 없어 보인다. 전도사님은 새벽 2시경 잠에서 깨자, 주님께서 기도하라고 깨우신 것 같아 강단에 올라 기도 중 새벽 4시에 전화가 울렸다. 이런 새벽에 누가 전화를 하나 하고 전화를 받으니, 어느 목사님이셨다. "전도사님, 저 지금 여의도에 와 있어요. 제가 돈을 좀 보내고 싶은데 얼마를 보낼까요?" 전도사님은 놀라 "제가 어떻게 얼마를 보내라 하겠어요? 저는 몰라요."라고 하자, 목사님이 "우선 천만 원 보낼게요."라고 하셨단다.

전도사님은 전화를 끊고 주님 앞에 엎드려 통곡했다고 한다. 배를 고쳐준다고 약속했던 회장님은 연락도 없던 중, 예상치 못했던 천만 원이 하늘 응답처럼 왔고, 게다가 박 목사님도 필요한 금액을 보내주시겠다고 연락하셨단다. 오늘은 전도사님이 "성령님, 너무 귀찮게 해드려 미안해요. 고마워요."

이렇게 고백하시고 오늘 밤에도 성전에 올라가 모든 염려를 주님께 맡기고 기도드리겠다고 하신다.

> "주님, 걱정 대신 기도로 나아가는 믿음을 주시고 기도에 응답해 주시니 감사합니다."

선교사 손 잡아준 이찬기 화백

> "내가 네 고통을 보았고, 네 부르짖음을 들었노라"(출 3:7)

아침에 흑일도 최 전도사님께 전화가 왔다. 인도네시아에서 선교사로 사역 중인 딸 사라 선교사에게서 연락이 왔다고 하셨다. 몸이 아픈데 필요한 약도 살 수 없어 힘들다는 하소연이었다. 어머니이자 목사 사모님이신 최 전도사님께 약을 사서 보내달라는 부탁이었다. 그 이야기를 들으며, 얼마나 도움 받을 곳이 없으면 섬에서 힘겹게 사역하는 전도사님께 부탁을 했을까 싶었다.

사라는 신학교에서 파송 받아 인도네시아 오지로 간 선교사로, 신학교가 넉넉한 자금이 있을 리 없어 고생이 심할 것으로 예상하고 있었다. 결혼할 때도 입을 옷을 남의 도움을 받았던, 가난하지만 주님을 향한 믿음으로 살아가는 선교사 가정이다. 지금 인도네시아는 불볕더위가 기승을 부리며 기온이 40도를 오르내리는 혹서기에 놓여 있다. 그러나 고지식하고 검소한 남편 고 목사님은 집에서도 전기세 나온다며 선풍기도 못 틀게 한다. 화산재가 내려 피부가 갈라져 약이 필요한 상황인데, 약을 살 돈이 없어 전도사님께 도움을 청할 수밖에 없다.

섬에는 교인도 한두 명뿐이고, 외부 도움은 거의 없는 상황이라, 이 이야기를 전해 들은 이찬기 화백이 사라 선교사에게 선뜻 헌금을 보내주셨다. 며칠 뒤, 전도사님이 전화하셨다. 사라 선교사가 답답한 심정으로 주님께 간절히 부르짖으며 기도할 때 "기다려라, 내가 해줄게." 하는 주님 음성이 들렸다고 한다. 그리고 며칠 후, 은행에 돈이 입금되었다는 메시지를 받고 사라는 눈물을 흘리며 어머니께 전화를 걸었다고 한다.

"엄마, '이찬기'라는 분이 누구에요?" 감사와 감격이 가득 담긴 그 말 속에서 기도에 응답하신 주님의 손길을 모두가 느낄 수 있었다. 그렇다. 주님은 가난하고 외로운 선교사의 눈물 어린 기도를 결코 외면하지 않으시고, 낯선 이의 손길까지도 사용하시어 부족함을 채워주신다.

> "주님, 선교사에게 손 내밀어준 이찬기 화백에게 크신 은총을 베풀어 주시옵소서."

낮은 자리에서 헌신해야 맺히는 열매

> "우리가 선을 행하되 낙심하지 말지니 포기하지 아니하면 때가 이르매 거두리라."(갈 6:9)

오랜 세월 말씀을 듣고 성경 공부도 하고 예배도 드려왔지만, 사람이 쉽게 변하지 않는다는 것을 깨닫는다. 더욱이 섬에서는 많은 사람들이 미신을 믿고, 복음을 받아들이려 하지 않기 때문에 예수님을 전도하기가 훨씬 더 어렵다.

그런데 섬 전체가 예수님을 믿는 곳이 있다. 내가 흑일도를 찾아가게 된 이유기도 하다.

나는 죽도라는 섬에서 1년 반을 살며, 섬사람들에게 복음 전하는 일이 얼마나 어려운지를 절감했다. 죽도에서 단 한 사람만이 예수님 믿는 모습을 보았다. 오래 전에 죽도에 살던 믿지 않던 두 사람이 암에 걸려 곧 죽게 되자, 이 소식을 들은 한 목사님이 이들에게 복음을 전하려 하셨지만 아내들이 그들을 만나지 못하게 막았다. 그래서 목사님은 한 달치 사례비 35만 원을 미리 받아, 아내들에게 남편을 만나게만 해달라고 간청하였다. 그렇게 해서 한 분에게 복음을 전했고,

얼마 후 두 사람 모두 세상을 떠났다. 그리고 얼마의 시간이 지나, 그 중 한 분의 아내가 스스로 교회에 나오기 시작했다.

섬에서 누군가가 자발적으로 교회에 나오는 일은 참으로 드문 일로, 나중에 들으니 이 부인이 밤마다 잠을 자려 하면 귀신이 나타나 괴롭혔다는 것이다. 무서움에 시달리던 그녀는 교회를 다니는 동서에게 어떻게 해야 귀신이 안 나타나냐고 물었다. 동서가 교회에 나가면 나타나지 않는다고 답하자 스스로 교회에 나와, 지금은 교회 일 열심히 하는 분이 되셨다. 외롭고, 배타적이고, 미신이 같고, 예수님 믿는 데 많은 방해가 따르기 때문에, 1년조차 버티기 어려운 곳이 섬이라 대부분의 목회자들은 1~2년도 못 되어 떠난다. 흑일도의 정광섭 목사님은 고향이 강원도신데, 섬에서 무려 36년을 사역하시다가 몇 해 전 주님 품에 안기셨다. 정 목사님과 사모님은 흑일도에 살면서, 떨어진 섬 '마삭도'에도 비가 오나 눈이 오나 10년을 꾸준히 다니셨다. 본인들 드실 것도 없을 때도 늘 음식을 준비해 노인들을 섬기셨는데, 어느 날 마삭도에서 한 번 와달라는 연락이 왔다. 가보니 이장님과 마을 사람들이 회의를 한 결과, 마삭도 전체 주민들이 교회에 나가기로 결정했다는 것이다. "목사님, 목사님이 우리 자식들보다 낫습니다. 우리가 이제 모두 예수님 믿기로 작정했습니다."

자식도 못한 일을 정 목사님이 사랑과 헌신으로 이루신 것이다. 그곳은 모두 연세 많은 어르신들로, 새벽이면 시계도 보지 않고 눈만 뜨면 교회로 향하셨다. 먼저 도착한 이들이 "목사님, 예배 드립시다." 하고, 다른 이들이 또 오고 하니 새벽기도를 3부로 드렸다고 한다. 교인은 많지 않아도 그 진심과 정성은 하늘에 닿았으리라. 그렇게 사랑 받던 정 목사님이 주님의 부르심을 받고 소천하셨다. 사람이 바뀐다는 건 참으로 어려운 일이다. 특히 예수님을 믿게 되는 변화는, 오래 참고 사랑을 보이며 낮은 자리에서 헌신해야 비로소 열매가 맺힌다.

> "주님, 흑일도를 사랑한 주님의 종의 눈물과 땀을 기억하여 주시옵소서."

천국에 보물 쌓는 삶

> "대저 하나님의 모든 말씀은 능하지 못하심이 없느니라."(눅 1:37)

내가 죽도에 머물고 있던 어느 날, 전화 한 통이 걸려왔다. 예전에 박 목사님과 함께 필리핀으로 선교 여행을 다녀온 문 집사님이었다. 나를 찾느라고 여러 곳에 수소문해 간신히 연락이 닿았다고 하시며, 죽도에서 배로 40분 정도 걸리는 연대도라는 섬으로 한 번 와주면 좋겠다고 하셨다. 나는 왜 그렇게 나를 찾으셨냐고 여쭈었고, 문 집사님은 남편 김 집사님이 급성 간암 판정을 받았다고 하시며, 꼭 한 번 와서 만나주면 좋겠다고 하셨다. 연대도로 가면서, 문 집사님이 남편을 위해 영적 위로나 마지막 메시지를 듣고 싶어 나를 부른 게 아닐까 하는 생각이 들어 "주님, 이분들에게 무슨 말씀을 전해야 할까요?" 주님께 간구하자 히브리서 13장 16절 말씀이 떠올랐다. 선을 행하고 나누는 것을 하나님께서는 제사로 여기시며 기뻐하신다는 말씀이었다. 만일 내가 가진 모든 것을 어려운 이웃과 불쌍한 사람들에게 나누어주고 주님 앞에 서게 된다면, 주님 말씀대로 온전히 살진 못했지만 말씀대로 순종하며 살았노라 고백할 수 있다면, 주님께서 "나는 너를 알지 못한다"고 하시지는 않을 거라는 마음이 들었다.

집사님은 연대도에 집 세 채를 가지고, 한 채에서 남편 김 집사님을 위해 울산에서 황토를 실어와 황토방으로 개조해 지내고 계셨다. 한 채는 친구의 청으로 팔았다는데, 요즘은 섬이 유명해져서 집 사기가 어려운데 넉넉하게 사시는 듯했다. 남편 김 집사님은 악성 간암으로, 의사도 몇 달 살기 어렵다고 하여 나는 두 분께 말씀드렸다. 지금이 마지막 기회일 수 있으니, 가시기 전에 재산을 어려운 이웃에게 나눠드리면 어떤가 하고 권면했다.

에스겔 33장 14절에서 16절 말씀을 보면, 주님께서는 악인에게 죽으리라 말씀하셨을지라도 그가 돌이켜 죄에서 떠나고 정의와 공의를 행하며 생명의 율례를 지켜 살면 반드시 살리라 하셨다. 이전에 잘못된 삶을 살았더라도 말씀대로 순종하며 살면 주님은 죄를 기억하지 않고 생명을 주신다고 하셨다. 또한 마태복음 19장 17절과 21절에서도 "생명에 들어가려면 계명을 지키라", "네 소유를 팔아 가난한 자들에게 주라 그리하면 하늘에서 보화가 네게 있으리라"고 하셨고, 누가복음 12장 33절에서는 "너희 소유를 팔아 구제하여 낡아지지 않는 주머니를 만들라. 곧 하늘에 둔 다함이 없는 보물이니라."고 하셨다.

쉬운 일도 아니니 두 분은 그렇게 하지는 못하셨지만, 만일 그때 집사님이 이 말씀에 순종했더라면 '주님을 기쁘시게 하고'(히 11:6), '천국에 보물을 쌓을 수 있는 기회'였을 텐데 놓친 것이 안타깝다. 지금은 세상을 떠나셨지만, 천국과 지옥으로 나뉘는 중요한 갈림길이었기에 그 말씀에 순종했더라면 하는 아쉬움이 크다.

> "주님, 천국에 보물을 쌓을 수 있는 믿음을 허락하여 주시옵소서."

거제도 장안교회 서승조 목사님

> "내가 궁핍에 처할 줄도 알고 풍부에 처할 줄도 알아 모든 일에 배부르며 배고픔과 풍부와 궁핍에도 처할 줄 아는 일체의 비결을 배웠노라"(빌 4:12)

마치 스위스를 옮겨다 놓은 듯 풍경이 아름다운 거제도에 다녀왔다. 그곳에서 작은 교회를 섬기고 계신 서승조 목사님을 만났다. 아이들 교육조차 제대로 시키지 못할 만큼 어렵게 살아오신 분이었다. 나는 은퇴를 얼마 남겨두지 않은 지금, 이 땅과 저 섬에서 갈 곳 없는 섬 목사님들께 주님의 은혜를 나누는 일을 하려고 한다고 말씀드렸다.

그 말을 들으신 서 목사님은 "저도 그런 꿈을 가지고 있었습니다. 특히 제가 존경하는 박 목사님께서 하신다면…" 하시며 조심스럽게 말씀을 이으셨다. 그러시면서 자신의 거제도에 있는 자산을 사역을 위해 쓰라고 내어놓으셨다. 나는 그 순간, 주님께서 모든 것을 이미 예비해 두셨다는 사실을 다시금 확인할 수 있었다.

비록 땅을 사역에 사용하는 귀한 계획은 여러 사정과 현실의 벽 앞에서 실행되지 못했지만, 나는 그때 서 목사님의 눈빛과 말씀 속에서 하나님의 마음을 읽을 수 있었다. 하나님은 우리가 무엇을 소유했느냐보다, 어떤 마음을 품고 있느냐를 더 귀하게 보신다. 사역을 위해 자신의 전부를 내어놓으려는 그 결단은 이미 하나님 앞에 향기로운 제사가 되었고, 천국의 상급으로 기록되었을 것이다.

사람들은 종종 눈에 보이는 결과만을 가지고 성공과 실패를 가르지만, 하나님은 중심을 보시고 작은 믿음의 씨앗까지도 기억하신다. 서승조 목사님의 그 마음은 땅보다 더 귀한 헌신이었고, 실제로 이루어지지 못했어도 하나님께서는 그 진실한 마음을 기쁘게 받으셨을 줄 믿는다. 나 또한 그 현장에서 "사람의 길은 끊어질 수 있으나 주님의 뜻은 영원하다"는 말씀을 깊이 새길 수 있었다.

> 주님, 비록 일이 이루어지지는 못해도, 주님은 주님을 향한 헌신의 마음을 귀히 보시는 줄 믿습니다. 우리 또한 눈에 보이는 성과가 아니라 주님이 기뻐하시는 마음으로 살아가게 하소서.

탄자니아 마사이족 사람들, 저자와 피터 목사

제 4 부
외딴 섬에 새긴 복음의 씨앗

비진도 40년 사역 김덕조 목사님

장호원 베데스다 교회 20년 식구들

도산교회 김용진 목사님

주께 모두 드리는 믿음의 사람들

우리 형편을 아시는 주님

47년 사는 동안 배운 아버지의 방식

40년 복음 심은 정광섭 목사 부부

'사랑이 넘치는 교회' 지키는
최경숙 전도사님

모든 것이 은혜, 은혜로다

갈 곳 없는 주님 종들에게 안식처를

연대도 산성교회를 지킨 김치관 목사님

제 4 부
외딴 섬에 새긴 복음의 씨앗

비진도 40년 사역 김덕조 목사님

> "너희 수고가 주 안에서 헛되지 않은 줄을 앎이니라."(고전 15:58)

비진도에서 40년을 섬기시고 은퇴하신 김덕조 목사님을 만나러 마산으로 갔다. 버스 정류장에서 기다리던 목사님께서 반갑게 맞아주셨다. 함께 식당에 앉으니, 인자하게 생기신 사모님께서 독감에 폐렴까지 겹쳐 많이 힘드셨다고, 이번에 주님을 거의 만나 뵐 뻔 했다고 하신다. 내가 제 아내도 작년에 폐렴으로 하늘나라에 갔다고 하니 두 분이 마음을 다해 위로해 주셨다. 전기도 물도 없던 비진도 이야기를 들려주셨다. 이제 곧 섬을 나가겠지 하며 하루하루 살다 보니 40년이 지났다는 말에 마음이 뭉클해졌다. 그 시절 외지인이 섬에 산다는 것이 얼마나 큰 헌신이었을지 상상조차 힘들다. 후임으로 오신 목사님들이 1년도 못 채우고 떠난 분이 벌써 두 분으로, 지금 계신 목사님은 2년 정도 되셨다고 한다. 목사님을 뵈었는데 참 잘하고 계신 것 같다고 하니, 목사님도 수긍하신다. 은퇴 후 갈 곳 없어 힘든 시절도 있었지만 지금은 102세로 치매이신 어머님을 모시고 사신다.

내가 박보영 목사님께서 주신 것을 전하며 "이건 주님께서 사모님께 주시는 선물입니다" 하자 두 분 모두 우리가 받을 자격이 있는지 모르겠다고 하시며 기뻐하셨다. 내가 이제 가보겠다고 하자, 목사님께서 봉투를 주시며 나중에 읽어보라고 하시고 차비도 조금 넣었다고 하신다. 어려운 형편에도 멀리서 왔다고 차비까지 챙겨주시는 따뜻한 마음을 거절할 수 없어 감사히 받았다. 섬을 수없이 다녔지만, 차비를 받아본 것은 처음이었다. 돌아서려는데 목사님께서 은퇴하고 나니 찾아오는 사람도, 연락하는 사람도 없다고 쓸쓸하게 말씀하신다.

> "주님, 외롭고 고단했던 이 두 종의 충성과 사랑을 기억하시고 위로해 주시옵소서."

장호원 베데스다 교회 20년 식구들

> "지극히 작은 자 하나에게 한 것이 곧 내게 한 것이니라"(마 25:40)

죽도를 떠나 경기도 장호원에 있는 베데스다 교회를 섬기게 되었다. 베데스다 교회 목사님은 휠체어를 타는 장애인으로, 다른 세 명의 장애인들과 함께 20년 이상을 함께 살고 계신다. 목사님은 25년 전 자동차 사고로 척추를 다쳐 가슴 밑으로 감각이 없고, 함께 사는 식구는 35살 수정과 43살 정미가 있고, 간질 있는 소영이는 정신병원에 입원치료 중이다. 수정이는 태어날 때부터 말이 어눌하고 오른쪽 몸을 제대로 쓰지 못한다. 정미는 세 살 때 연탄가스를 마셔 오른쪽을 쓰지 못해 움직이고 말하는 것 모두 힘들다. 정미가 장애아 국민학교를 다닐 때 어느 날 학교에서 돌아와 보니 집이 텅 비어 있고, 가족들은 모두 이사 가고 없었다. 옆집 아주머니에게 물어봐도 모른다고 하니 너무 무섭고 놀라 바지에 오줌을 쌌다며 눈물을 글썽이며 이야기하는데, 마음이 많이 아팠다. 이곳은 가족들이 장애 자식을 돌보지 않아, 슬픈 사연들을 안고 서로 도우며 살아가고 있다. 85세로 치매를 앓으시는 목사님 어머니는 수정이와 같은 방을 쓰시는데, 가끔

방 안에 대소변을 보시고 밤마다 일어나 방바닥을 두드려 잠을 못 자겠다고 수정이는 불평한다.

또 한 분은 36년 동안 혼자 강원도 기도원에 계셨다가 병환으로 어쩔 수 없이 은퇴하신, 90세 되신 여자 목사님을 모셔 함께 살고 있다. 이분은 작년에 화장실에 가시다 넘어져 엉치뼈를 다쳐 움직이지 못하셔서, 내가 휠체어를 밀어 화장실에 모시고 가고 식사도 도와드린다. 며칠 전에는 대충 아침 준비를 하다가, "작은 일에 충성하는 자가 큰 일에도 충성한다."는 주님 말씀이 마음에 들려 깜짝 놀라 정성껏 해드렸다. 그리고 보면 주님께서는 성경에서 큰일 한 사람들 이야기보다, 지극히 작은 일과 작은 자에게 한 일들을 더 눈여겨보시고 기뻐하시는 분일 것이다. 이곳에서 과일이 생겨도 깎을 수 있는 사람은 손을 쓸 수 있는 목사님과 나 둘뿐이고, 물론 무거운 물건을 들 수도 없다. 목사님은 비록 걸을 수 없고 여러 어려움이 있지만, 서로를 의지하며 20년을 함께 살아온 귀한 식구들이다. 죽도 교회 교인은 8명이었지만, 여기는 더 줄어서 매일 두 번 예배를 드리는데 주중에는 3명, 주일에는 6명이 예배드린다. 강원도에서 오신 90세 목사님이 몸이 불편해 당분간은 이곳에 있어야 할 것 같다.

> "주님, 고통과 시련 속에 있는 이들에게, 주님의 크신 은혜와 위로를 가득 부어 주시옵소서."

도산교회 김용진 목사님

> "주의 눈은 의인을 향하시고 그 귀는 그들의 부르짖음에 기울이시는도다"(시 34:15)

김용진 목사님이 시무하시는 통영 도산교회에서 예배를 드렸다. 목사님의 체구는 왜소하지만, 하나님을 향한 사랑만큼은 누구보다 크고 깊은 분이라는 인상을 받았다. 경기도가 고향이신 김 목사님은 젊은 시절 삼성에서 근무하시다가 주님을 만나셨고, 마흔에 주님 부르심에 순종해 목회의 길로 들어서셨다. 당시 이 지역엔 교회가 한 곳도 없었는데 통영에서도 외딴 이곳에 25년 전 교회를 세우셨다. 지금은 아름다운 예배당과 사택이 세워졌지만, 정작 목사님 자신은 은퇴를 4년 앞둔 지금 앞날에 대한 염려와 두려움 속에 기도하고 계신다. "주님의 선하심을 믿으면서도, 막상 갈 곳 없어 걱정하는 내 마음이 믿음 없음을 증명하는 것 같아 괴롭습니다."라는 목사님의 고백이다.

지난주 예배에는 학생 네 명을 포함해 총 12명 성도가 함께했다. 내가 5만 원을 헌금하자 목사님은 큰 헌금을 했다며 연신 감사 인사를 하셨다. 교인들은 대부분 연로하셨고, 몸이 불편한 어르신도 계셔서 죽도교회처럼 2천 원을 헌금하시면 많이 하신다고 했다. 목사님은 지난 세월을 돌아보며 주님 앞에 부끄러움과 죄송함이 많으시다며, 작년부터 사택 아닌 교회당에서 기도하며 주무신다. 몸도 약하고 추위도 많이 타시는데 그 모습을 보는 사모님 걱정이 이만저만이 아니다.

> "주님, 충성된 종 김 목사님께 하늘의 위로와 넘치는 은혜를 내려 주시옵소서."

주께 모두 드리는 믿음의 사람들

> "주는 자가 받는 자보다 복이 있다 하심을 기억하여야 할지니라"(행 20:35)

오늘은 아침 일찍 통영 가는 버스를 타고, 도산제일교회 김용진 목사님께 전화를 드리니 반갑게 마중을 나오겠다고 하신다. 김 목사님은 옛날 삼성에 다니다가 40대에 주님이 좋아 신학을 하고 목사님이 되셨다. 주님께 감사한 것은, 이제껏 생활이 넉넉하지 않았지만 한 번도 주님을 원망하거나 좋은 직장 그만둔 것을 후회한 적 없도록 해주신 것에 감사하신다. 저녁에는 사모님이 교회 텃밭에서 기른 재료로 준비한 식사를 맛있게 나누었다. 식사 중 사모님께서 말씀하신다. 전에 수원에 있는 신학교에서 김 목사님께 설교를 부탁한 적이 있었는데, 그때 김 목사님께서 신학생들에게 멍게를 대접하고 싶다고 하셨다. 하지만 멍게는 너무 비싸니 교수님들은 멍게로 하고, 신학생들은 조금 저렴한 굴로 하자며 사모님과 타협하고 모두 준비했는데 총 50만 원이 들었다. 사모님은 머릿속으로 계산하길, 멀리 통영에서 와서 설교했으니 사례비 20만 원쯤은 주시면 우리는 30만 원만 쓰면 되겠지 하셨단다. 설교가 은혜롭게 끝나고 총장실로 오라는 안내를 받아 갔더니, 사례비 봉투를 건네주는데 세어보니 정말 20만 원이었다. 그런데 김 목사님은 그 자리에서 헌금으로 전액을 드리니 그 장면을 지켜본 사모님은 속으로 큰 충격을 받으셨다.

'이건 우리 한 달치 생활비인데….' 속이 상해 차에서 한마디도 않고, 집에 오자마자 이불을 뒤집어쓰고 주님께 서운한 마음을 다 쏟아놓았다고 하신다. "주님, 보셨죠? 저 저런 사람하고 못 살아요." 그때 어디선가 전화가 왔다. 목사님께서 이불을 걷어주셔서 억지로 전화를 받았더니 청주에 계신 교수 권사님이었다. "사모님, 주님이 자꾸 도산교회에 3천만 원을 주라고 하세요. 주님이 하라시니 전화로라도 약속 드려야 주님 명령 어기지 않을 것 같아 전화 드려요."

그 말씀을 듣자 사모님 몸에 소름이 확 돋았고, 주님이 내 속마음과 하는 짓을 다 보고 계셨구나 싶어 주님께 한없이 죄송했다고 한다. 한 달 후 그 권사님이 3천만 원을 도산교회에 보내주셨고, 사모님은 모든 것을 다 보고 계신 주님은 얼마나 섬세하고 동시에 두렵다고 간증했다. 김 목사님은 지난해 교회 부흥을 못

시켜 주님께 죄송하다고, 1년 동안 교회에서 주무시니 사모님 걱정이 많으시다. 모든 것을 포기하고 일생을 주님께 바친 도산교회 김용진 목사님과 사모님을 즈님께서 얼마나 사랑하시는지 알 수 있었다.

> "주님, 두 분의 믿음을 기쁘게 받아 주시고, 남은 생도 주의 은혜로 지켜주시옵소서."

우리 형편을 아시는 주님

> "너희 하늘 아버지께서 구하는 자에게 좋은 것으로 주시지 않겠느냐"(마 7:11)

도산교회 김 목사님과 사모님과 점심을 했다. 이분들은 작년에 은퇴하시고 여전히 겸손히 주님의 은혜 안에 살고 계신다. 들어오는 돈 합하고 나갈 돈 빼면 한 달 생활에 5만원으로 사신다고 한다. 그 말씀을 듣고 주님께서 주시는 선물이라며 사모님께 봉투를 드렸다. 봉투를 열어보신 사모님은 깜짝 놀라며, 어쩌면 주님은 이렇게 우리를 놀라게 하시죠? 정말 감사해요. 꼭 써야 할 곳이 있어서 '주님, 쓸 돈을 보내 주세요' 하고 기도 중이었다고 하신다..

목사님 부부는 얼마 전 농어촌 교회 목회자들을 위로하기 위해 은퇴 목사님이 만든 자리에 참석했다. 그곳에서 어떤 부부를 만나셨다. 남편은 목회하는 분이고 사모님은 학교 선생님인데, 부부 사이가 좋지 않아 거의 이혼 직전이라고 하셨다. 그 모습을 보며 마음이 아프셨고, 주님께서 이런 마음을 주셨다고 한다. "그래, 우리가 은퇴 후 해야 할 일은 바로 이런 어려운 목회자 가정을 위로하는 일이다." 그렇게 두 분은 그 부부를 초청하기로 결심하셨단다. 초청은 해놓았는데 대접할 수 있는 재정이 없어 사모님은 주님께 간절히 기도하고 계셨던 중인데 내가 봉투를 전한 것이다. 주님은 모든 것을 보고 계시고, 이렇게 넉넉하게 주시니 어찌 감사하지 않을 수 있겠냐고 하신다. 나는 사모님께 "교회에서 목회자가 힘들면 교인들도 힘들지만, 목사님이 기쁘고 힘이 나면 교회가 살아나요. 농어촌 교회 사정을 잘 아시는 두 분이 참 귀한 일을 시작하셨습니다. 주님께서 기뻐하시고 반드시 도와주실 줄로 믿습니다."

> "주님, 주님의 종에게 꼭 필요한 선물을 하게 하시니 감사합니다. 그의 필요를 채워 주시옵소서."

47년 사는 동안 배운 아버지의 방식

> "너희는 먼저 그의 나라와 그의 의를 구하라 그리하면 이 모든 것을 너희에게 더하시리라"(마 6:33)

흑일도에서 새벽예배를 마치고 돌아와 사모님과 지난 이야기를 나누었다. "여기서 47년을 살았으니, 뭘 안 해봤겠어요? 식구 5명 입에 풀칠도 못할 때가 많았어요." 섬사람들은 이웃이 얼마나 어려운지, 무엇이 없는지 모두 알고 있다.

어느 날 이장님이 사모님을 찾아왔다. "우체국 일 안 해보실래요? 한 달에 80만원 받고 일도 어렵지 않고, 1시면 다 끝나유." 형편을 보고 외면할 수 없던 이장님의 따뜻한 배려였다. 사모님은 생각하길, '내가 이 일을 맡으면 기도 시간이 줄고, 주님께 매달리는 간절함이 사라질 수도 있겠네. 돈 때문에 기도의 줄이 끊어지면 안 되는데.'

그래서 결국 사양하자 이장님은 섭섭해하며 "그렇게 힘든데, 왜 안 하신대

유?"라고 물으셨다. 사모님은 나는 아버지만 붙들 거라고 하시며, "내가 나가서 일하고 여기저기 부탁하면 한 달에 10만 원, 몇 십만 원은 구할 수 있겠지만, 내가 하나님 말씀만 의지하고 간절히 구하면 하나님은 백 배, 천 배로 갚아주시더라고요. 이것이 47년간 내가 섬에서 배운 아버지의 방식이에요."라고 하셨다. 그렇다. 주님은 분명히 말씀하셨다. "구하라, 찾으라, 두드리라." 그런데도 우리는 두려움과 의심으로 사람에게 먼저 손을 내민다.

> "주님, 우리의 연약한 믿음을 불쌍히 여겨주시고, 아버지를 의지하는 담대한 믿음을 허락해 주시옵소서."

40년 복음 심은 정광섭 목사 부부

> "작은 일에 충성된 자는 큰 일에도 충성되고"(눅 16:10)

흑일도의 정 목사님은 섬의 8명 모두를 주께 올리신 분으로, 그 분의 섬김은 하늘에서 가장 큰 집이 되었을 거라는 생각이 든다. 혼자되신 정 목사님 사모님께서 결국 목사님의 유언이 된 마지막 말씀을 들려주셨다. "내가 먼저 가면, 당신이 내가 못다한 일을 끝내 주세요."

정 목사님과 사모님은 날씨가 좋으면 배를 타고 주변 섬마다 다니며 복음을 전하셨다. 그 중 마삭도에는 한 사람을 제외하고 모든 주민이 교회에 나왔는데, 신기하게도 안 나오던 바로 그 사람이 이곳에 교회를 짓자고 제안하여 그 섬에도 교회가 세워졌다. 사람의 생각과 주님의 뜻은 이렇게 다르다.

어느 날, 그들은 교회 배 '방주호'를 타고 사역을 위해 섬을 떠나려는데, 목사님이 배에서 쓰러지셨다. "주님, 지금 이 사람을 데려가시면 저는 어떻게 하라구요!" 사모님이 울부짖으며 전화기를 꺼내 도움을 청하려는 순간, 주님 음성이 들려왔다. "사랑하는 딸아, 내 사랑하는 종은 이제 임무를 마쳤다." 사모님은 그 음성을 듣고 전화기를 내려놓고, 그날 이후 홀로 섬을 지키신다. 강원도 출신 정 목사님과 경기도 광주 출신 사모님, 두 분 모두 육지의 부름을 뒤로하고 전남 땅끝의 작은 섬 흑일도를 택했다. 여기서 40년 가까이 한 번도 쉬지 않고 주님 일을 감당했는데, 전엔 주일학교 아이들이 20명이 넘고 초등학교 아이들은 모두 교회에 다녔는데, 지금은 교인 한 명으로 그나마도 화투 치느라 안 나오니 사모님 홀로 예배 드리는 날이 더 많다고 하신다. "… 사람이 나를 섬기면 내 아버지께서 그를 귀히 여기시리라"(요 12:26)

섬에서의 삶은 외롭고 험하여 목회자들이 오래 머물지 못한다. 전도는 쉽게 열리지 않고, 미신은 깊이 뿌리내려 있어, 돕는 손길 하나 없어 진리를 지키는 일은 어렵다. 그래서일까, 주님은 이처럼 외로운 자리, 아무도 가지 않는 섬에서 충성하는 종을 기뻐하신다. 나는 정 목사님을 직접 뵌 적은 없지만, 박보영 목사님께서 말씀하신 그분이 바로 이분이 아닐까 하는 생각이다.

> "주님, 외로운 섬에서 묵묵히 주의 사명을 감당하는 귀한 종에게, 하늘의 은혜와 능력으로 충만하게 채워 주시옵소서."

'사랑이 넘치는 교회' 지키는 최경숙 전도사님

> "네 눈물을 내가 보았고, 네 기도를 들었노라"(이 38:5)

지금 흑일도에는 학교가 없다. 예전에는 초등학교가 있었지만, 아이들이 크면서 지금은 폐교가 된 채 수풀만 무성하다. 최 사모님의 첫째와 둘째 딸이 초등학교 5학년과 3학년일 때, 섬에 학교가 없어 육지로 보내 하숙을 시켰다. 그러나 아무래도 어린 자신들을 잘 챙기지 못하고 제대로 된 식사를 못해 영양실조로 쓰러졌고, 그 모습을 본 사모님의 마음은 찢어질 듯 아팠다. 주님께 기도드리니, 주님은 "그 아이들을 내가 쓰려는 아이들이다."라고 말씀하셨다. 사모님은 속상한 마음을 감추지 못하고 "주님, 쓰시려면 먹이고 쓰셔야지, 이렇게 굶기시니 마음이 아픕니다."라고 하셨단다.

사춘기 시절, 큰딸이 집을 나간 적도 있었다. 사람들은 딸을 찾으러 나서지 않는다고 뭐라 했지만, 사모님은 말씀하셨다. "서울에서 집 나간 딸을 흑일도에 사는 내가 어디 가서 찾습니까?" 대신 사모님은 골방에 들어가 무릎 꿇고 울부짖으며 밤을 새워 기도했다. 그때 주님은 "너도 딸이 집 나가니 마음이 아프지? 나도 네가 잘사는 목사님들 집을 부러워하는 걸 보면 마음이 아프단다. 천국에서는 네 상이 훨씬 더 클 텐데, 왜 세상 것을 부러워하느냐?"라고 사모님은 간증했다. "주님, 우리 집은 비가 오면 부엌과 안방에 그릇 여덟 개를 놓아야 겨우 막을 수 있습니다. 그런 집에서 살다 보니 부잣집에 가면 마음이 약해졌나 봅니다. 용서해주세요." 그때 주님은 네 딸은 내가 지켜주었고 곧 돌아올 것이라고 하셨고, 며칠 후 딸은 집으로 돌아왔다. 그 딸이 바로 지금 인도네시아에서 사역중인 사라 선교사로, 신학교를 마치고 목회자와 결혼하여 주님의 복음을 전하는 선교사가 되었다. 섬 주민 모두 합쳐야 삼십 명도 채 되지 않는 이 섬에, 내가 갔을 때 교인은 어떤 날은 3명, 어떤 날은 2명이다. 주님은 숫자 보다 눈물을 보시고, 충성을 기뻐하시며, 골방의 기도를 들으시는 분이시다.

> "주님, 흑일도 최 전도사님과 함께하여 주시고, '사랑이 넘치는 교회'를 축복하여 주옵소서."

모든 것이 은혜, 은혜로다

> "여호와께 감사하라 그는 선하시며 그 인자하심이 영원함이로다"(시 107:1)

오늘은 죽도 가는 날, 죽도 가족들에게는 내가 가는 날이 곧 잔칫날이다. 배 타기 전 농협 마트에 들러 반찬과 과자, 고기와 닭, 그리고 주희가 마실 두유 등을 세 박스에 넣어 배에 싣도록 부탁했다. 전에 내가 있었을 때는 구 사모 오빠가 보내준 김치와, 섬에서 나는 두릅 장아찌가 전부로 1년 내내 반찬이 변함없었다. 내가 가면 구 사모와 한 목사님은 "주님께서 천사를 보내주셨어요. 전에는 정말 힘들었는데, 선교사님이 오시고 나서 모든 삶이 달라졌어요."라며 감사하신다. 이번에는 주님 은혜에 감사해 섬김의 손길을 더하고 와야겠다고 다짐한다.

돌아오는 날, 주희와 방에 있는데 갑자기 방바닥에 물이 흥건히 번졌다. 처음에는 어디 파이프가 터졌나 했는데, 알고 보니 주희 바지에서 흘러나온 것으로 모두 달려들어 함께 치웠다. 주형이는 바닥을 닦고, 나와 구 사모는 소파를 들고 바닥을 닦으면서도 감사했다.

"주희 덕에 소파 밑을 깨끗이 치웠네요."

할렐루야! 주님 감사합니다. 이렇게 모든 것이 감사, 하루에도 이런 일이 수없이 일어난다. 얼마 전에는 주희가 넘어져 무릎이 찢어져 해안경비대와 119를 불러 병원에 가서 꿰매고 왔다. 다른 집에서는 상상 못할 일들이 이 집에서는 매일 일어난다. 오늘은 흑일도 사모님께서 전복을 보내겠다고 하시기에, 정중히 고사하며 나는 주님의 은혜를 흘려보낼 뿐이라고 말씀드렸다.

얼마 전, 인도네시아에서 선교 중인 안나 전도사가 연락이 왔다. 한국에 일이 있어 하결이와 은결이까지 셋이 와야 하는데, 비행기 값이 없어 막막하단다. 얼마나 답답했으면 힘없는 전도사 어머니에게 하소연 했을까? 전도사님은 주님께 기도하자고 하셨고, 그 이야기를 들은 집사님이 내게 그 사연을 전해주셨다. 주님께서는 꼭 이럴 때, 나에게 나눌만한 돈을 남겨두셔서 나는 갖고 있는 돈을 보냈고, 며칠 후 가족 모두 한국에 무사히 도착했다는 연락을 받았다. 안나가 돌아가며 매번 도움만 받아 마음이 무겁다고 하니, 전도사님이 자꾸 전복을 보내시겠다는 거다.

안나는 어릴 때 섬에서 자라며 "나는 절대 이런 일 안 하고 살 거야."라고 다짐하던 아이지만, 지금은 인도네시아 오지에서 후원 교회 하나 없이 주님 은혜로 살고 있다. 얼마 전 안나가 전도사님께 편지를 보내왔다. "엄마, 흑일도 섬에서 주님께서 나가라고 하시기 전에는 절대 나가지 마세요." 그 편지를 읽고 전도사님은 이제야 우리 안나가 주님께서 무엇을 기뻐하시는지 알게 되었다며 크게 기뻐하셨다. 주님께서는 섬에서 사역하는 작은 교회와 그 목회자들을 참으로 기뻐하시는 것 같다. 나 역시 10년 넘게 섬들을 다니면서 굶지 않고, 먹을 것도 나누고, 필요한 헌금도 할 수 있었던 것을 보면 그분의 돌보심이 분명하다.

> "주님, 섬에서 흘려보내는 은혜가 넓게 퍼지게 하소서."

갈 곳 없는 주님 종들에게 안식처를

> "대저 하나님의 모든 말씀은 능치 못하심이 없느니라"(눅 1:37)

섬 이야기를 하려면 먼저 네팔 지진 때, 기아대책본부에서 구조활동을 하시다 오신 서상록 선교사님 이야기부터 해야 할 것 같다. 선교사님 말씀은 약 20년 전부터 어디를 가든지 주님께서 섬을 위해 기도하게 하셨다고 한다. 네팔에서 구조활동을 하면서도 통영 섬들을 위해 기도하는 자신을 보며 자신도 이상하게 여겼다고 한다.

한국 통영으로 돌아와 하게 된 일은 매 주일 섬을 찾는 일인데, 주일이면 섬으로 가는 배에는 알록달록 옷차림의 관광객들만 타는데, 흰 와이셔츠에 넥타이를 맨 정장차림의 자신은 늘 다른 외계인 같은 기분이 들었단다. 그러던 어느 날, 갑자기 배에 타고 있는 모든 사람이 복음 전하러 나가는 교인이라는 마음이 들어 그 순간 마음에 기쁨이 가득했던 적이 있었다고 말해주셨다. 박보영 목사님이 개척교회에 이렇게 많은 사람을 보내고 있다고 생각되니, "박 목사님이 내가 특허 받은 것을 먼저 하셨네요" 하며 기뻐하셨다. 작년 어느 주일, 과일 상자를 들고 바이올린을 든 딸과 죽도를 찾아오셨는데, 그 딸은 선교지에서 같이 일한 둘째 딸이다. 서 선교사님은 통영 해양경찰 경감으로 근무하다 선교사의 부르심을 받아 나가셨고, 15년 전 사모님을 하늘나라로 보내신 뒤 홀로 아들과 두 딸과 함께 선교지를 다니셨다. 세 자녀 모두 대학생이 되었고, 둘째는 미국 동부 유학을 준비하고 있다. 주님께서 섬을 사랑하는 마음을 주셔서, 항상 섬을 위해 기도하며 살아가는 선교사님 모습을 보며 주님께서 섬을 참 사랑하시나 보다 하는 마음이 든다. 이틀 전에는 서 선교사님과 함께 은퇴를 앞둔 두 분 목사님이 계신 섬들을 방문하였다. 첫 번째로 찾은 섬은 비진도로, 그곳은 김덕조 목사님과 사모님이 35년 동안 섬기셨고, 2년 후면 은퇴하신다. 갈 곳 없어 걱정과 우울증으로 병원에 3개월 입원하셨다가 주님 은혜로 다시 돌아오셨으나, 기운이 많이 쇠하셨다. 수요예배 후 목사님은 국민학교 시절 목사가 되겠다고 서원했는데 청년 때 교통사고로 트럭 바퀴가 엉덩이를 지나 뼈가 부서졌으나, 주님께서 고쳐주셔서 3개월 만에 걸어서 병원을 나왔다고 하셨다. 이후 신학교에 진학해 "아무도 가지 않는 곳으로 보내달라."는 기도 끝에 비진도로 오셨고, 수 차례 짐 싸서 나가려 했지만 그때마다 주님께서 막으셨다고 하신다.

"옛날에는 성탄절에 아이들 백여 명이 교회에서 찬양과 연극을 하면, 동네 사람들이 모두 모였지요. 성탄 전날에는 아이들이 집집마다 다니며 찬양을 부르면, 안 믿는 사람들도 불을 켜고 먹을 것을 준비해 기다렸지요." 하시며 옛 추억에 잠기신다. 지금은 교인이 십여 명으로, 사모님이 고생을 많이 했다고 하시는데, 이분들이야말로 박 목사님의 멘토가 말했다는 천국에서 가장 큰 집에 사실 분들이 아닌가 하는 마음이 든다.

그 다음으로는 방문한 곳은 '새섬'으로 김치관 목사님이 계신 교회였다. 목사님은 이곳에 25년 전 오셨는데, 두 개 섬에서 5년 정도 사역하셨다. 교인은 죽도처럼 8명 정도 되는 데, 이전 섬을 떠난 이유는 아이들의 교육 때문이었다. 육지에 아는 권사님 댁에서 아이를 맡아주셨는데 아이들과 떨어져 살다 보니 사모님은 병을 얻어 세 번이나 큰 수술을 받으시며 몸이 쇠약해지셨다. 교인 중 한 분이 어렵게 하여 섬을 떠나고 싶어도 당장 갈 곳이 없다고 하신다. 나도 이렇게 마음이 아픈데, 일생을 이곳에 바친 이분들 마음은 오죽할까? 평생 주님을 위해 헌신하고도 갈 곳 없어 고통 받는 귀한 주님의 종들을 위한 안식처가 마련된다면 주님께서 얼마나 기뻐하실까? 내일 가는 섬은 또 얼마나 어려운 곳일까?

> "주님, 섬에서 평생을 헌신한 주님 종들을 위로해 주시고 안식처를 허락해 주시옵소서"

연대도 산성교회를 지킨 김치관 목사님

> "두세 사람이 내 이름으로 모인 곳에는 나도 그들 중에 있느니라."(마 18:20)

창 밖을 바라보니 안개가 자욱하다. 연대도 산성교회에서 예배를 드릴 예정인데, 바다를 건너는데 안개가 큰 걱정이다. 태풍, 안개, 바람, 자연의 모든 요소가 오늘의 걸음을 막고 있는 듯하다. "주님, 오늘 길을 열어주시옵소서."라고 기도

드린 뒤 창 밖을 보니, 안개가 걷히고 파란 하늘이 펼쳐 있다. 주님께서 말씀하신다. "가거라, 내가 너와 함께하노라."

감사한 마음으로 마트에 들러 과일과 떡을 사 들고 부지런히 달아항으로 향한다. 공휴일이라서 항에는 배를 기다리는 사람들로 가득하다. 연대도 김치관 목사님께서 배를 몰고 마중을 나오셨다. 참으로 아름다운 섬, 관광객들로 북적이는 골목길을 지나 산성교회에 도착하니 사모님께서 예배 준비를 하시다 반갑게 맞아주셨다. 전에 이곳을 찾았을 때는 성도가 단 한 분뿐이었는데 두 분이 늘었다. 한 분은 펜션을 운영하는데 주일에는 바빠 나오지 못하고, 또 한 분은 막 교회를 다니기 시작한 새 신자다.

예배가 시작 전, 사모님께서 피아노로 조용히 찬송가 335장을 치신다.

> 크고 놀라운 평화가 내게 있네
> 이 세상에 없는 평화
> 나의 영혼과 몸 주께 드립니다
> 오 놀라운 나의 구주, 오 놀라운 주.

찬송을 듣는데 가슴 깊은 곳에서부터 울컥 눈물이 복받친다. 외딴 섬에서, 40년 가까운 세월을 주님 한 분만 바라보며 원망 없이 살아온 목사님과 사모님, 평안하게 찬양하는 그들을 주님께서 얼마나 기뻐하실까?

찬송이 끝날 즈음 한 분이 쌍지팡이를 짚으며 조심조심 들어오시고, 조금 후 펜션 하시는 분이 급히 뛰어오신다. 그리고 또 한 분이 들어오신다. 모두 숨가쁘게 살아가지만 주님 앞에 잠시 멈추어 앉자, 사모님이 일일이 다가가 오늘의 본문 사도행전 27장 말씀을 찾아 드린다.

예배가 마치기 전, 두 분은 바쁜 일터로 향하신다. 황 집사님이 어제 주신 빵을 사모님께서 봉지에 담아 모두에게 하나씩 건네고 받아가는 손길 속에 사랑과 감사가 담겨 있다.

　예배 후 남은 지팡이 성도님, 목사님 부부, 그리고 나. 이렇게 네 사람은 사모님이 정성껏 준비하신 점심을 나눈다. 사모님은 피아노 음이 떨어졌다고 하신다. 작년엔 교회 안에 습기가 너무 차서 소리가 잘 나지 않았는데, 제습기를 마련해 나아졌지만 그래도 음이 완전히 맞지 않는 것 같다며 웃으신다. 외딴 섬 조그 소박한 예배당에 바쁜 삶 속에서 모여든 신실한 발걸음과 찬양이 있는 이곳이야말로 주님이 먼저 찾아오시는 예배당일 것이다.

> "주님, 연대도의 산성교회에 주님의 평화와 기쁨이 항상 머물게 하소서. 이 아름다운 섬의 작은 찬송이 하늘 가득 울려 퍼지게 하옵소서."

제 5 부
주님의 의를 붙들고

네 양혼을 팔려느냐?

영혼의 생명력을 회복하는 대화

놀랍고도 신기한 주님의 은혜

잊혀지지 않는 섬, 잊혀지지 않는 영혼

흑일도에서 배운 교훈

주는 자가 복이 있다

죽도 사람들의 삶은 곧 간증

작은 자를 돌보는 일은 주님 섬기는 일

어둠을 빛으로 바꾸신 하나님

사업가에서 주의 종으로 부르심
받은 이 화백

어두운 터널 지나는
사량도 이태숙 사모님

콩팥 팔려는 날 들린 음성

제 5 부
주님의 의를 붙들고

📖 네 영혼을 팔려느냐?

> "사람이 만일 온 천하를 얻고도 제 목숨을 잃으면 무엇이 유익하리요?"(막 8:36)

내가 늘 쓰는 사파리 모자에는 이렇게 적혀 있다. "네 영혼을 팔려느냐? COSTCO / Thank JESUS" 이 문장은 내가 절대 잊을 수 없는 주님 음성이 담긴 고백이다.

얼마 전 코스트코의 입구를 들어서자 사파리 모자가 눈에 들어왔다. 캘리포니아의 따가운 여름햇볕을 생각하니 모자가 꼭 필요할 것 같고, 머리 숱도 점점 줄어들어 망설임 없이 하나를 카트에 담았다. 쇼핑을 마치고 계산 후 출구로 걸어가던 중 사파리 모자가 보이지 않았다. 이상하다 싶어 카트를 살펴보니, 모자가 다른 물건들 밑에 깔려 있었다. 계산할 때 직원도 보지 못해 지나친 것이 분명했다. 순간 고민이 됐다. '돌아가 계산하기도 귀찮은데 그냥 나갈까?' 몇 발자국 옮기는데, 분명한 성령님께서 내게 하신 음성이 들려왔다. "네 영혼을 팔려느냐?" 순간 나는 멈춰 섰다. '모자 하나 가격보다, 네 양심과 영혼이 더 소중하지 않느냐?' 깜짝 놀란 나는 곧장 발걸음을 돌려 직원에게 설명하고 계산을 마쳤다. 나는 항상 죄지을 준비가 되어 있는 사람 같아서, 주님께서 돌보지 않으면 하루도 온전히 살 수 없는 존재임을 다시 한 번 절실히 깨달았다. 그래서 나는 그날 주님의 음성을 잊지 않고 매일의 삶에 적용하기 위해 모자에 이 글을 새겨 넣었다. 나는 이 문구를 볼 때마다 마음을 다잡고 성령님 경고를 되새긴다. 영혼은 무엇과도 바꿀 수 없는 하나님 소유다. 작은 유혹에도 흔들리지 않게 하시는 주님 은혜가 얼마나 감사한지 모른다.

> "주님, 저의 영혼이 작은 유혹에도 넘어지지 않도록 성령으로 지켜 주옵소서."

영혼의 생명력을 회복하는 대화

> "나를 사랑하는 자들이 나의 사랑을 입으며, 나를 간절히 찾는 자가 나를 만나리라."(잠 8:17)"

하나님은 우리와 이야기 나누기를 기뻐하시고, 우리에게 주님과 대화할 수 있는 방법을 잠언 8장 17절로 알려주셨다. 우리가 해야 할 일은 간절히 주님을 찾는 쉬운 일처럼 보이지만 막상 실천은, 교회 다니는 사람은 많지만 정작 하나님과 대화를 나누는 사람은 얼마나 될까? 그래서 하나님께서는 마음만 먹으면 누구나 할 수 있는 방법으로 누가복음 18장 1절과 8절에서 "항상 기도하고 낙심하지 말라."고 하시고, "내가 올 때에 믿음을 보겠느냐"고 하시면서, 주님 다시 오실 때 주님 말씀을 진실로 믿는 자가 많지 않을 거라는 경고를 하셨다. 나도 어느 날부터인가 쉽기도 하고 어렵기도 한 주님과 대화를 시작하게 되었는데, 항상은 아니지만 주님은 자주 말씀해 주신다.

어느 날 옷을 사러 가면서 "어떤 것을 살까요?" 하고 물으면 주님은 사지 말라고 하시지만, 나는 그 말씀을 무시하고 사버린다. 무엇을 사는 일만이 아니라 몇 번 그런 일이 반복되면서 나는 주님께서 반대하시고 그 이유를 듣는 것이 두려워서 아예 더 이상 묻지 않았다. 그때마다 나는 더 많이 여쭙고 더 깊이 주님의 뜻을 들었어야 했는데, 나는 그 기회를 스스로 닫아버렸다. 돌아보면, 하나님께 질문하며 대화하는 것은 영혼의 생명력을 회복하는 길이며, 주님과 더 친밀해지는 시작이었다. 하지만 지금은 주님과의 대화가 쉽지 않아서, 한참을 마음 다해 기도하고 묵상하며 기다려야 겨우 주님 음성을 들을 수 있다. 주님은 이미 우리에게 주님을 사랑하는 마음으로 간절히 구하고, 찾고, 두드리는 자는 누구든지 주님과 교제할 수 있고, 반드시 응답해 주시겠다고 약속하셨다. 주님은 언젠가 우리가 그분 앞에 섰을 때, "왜 나를 찾지 않았느냐?"고 물으실 것이고, 그때 변명할 여지를 우리에게 남겨두지 않으셨다.

> "주님, 주님과의 대화를 즐거워하게 하시고, 제 영혼이 주님 음성에 귀 기울이게 하소서."

놀랍고도 신기한 주님의 은혜

> "내 하나님이 그리스도 예수 안에서 그 영광 가운데 그 풍성한 대로 너희 모든 쓸 것을 채우시리라"(빌 4:19)

가난한 섬에서 40년간 사역하며 근검절약으로 살아오신 흑일도 최 전도사님에게는 도저히 갚을 수 없는 빚 6천만 원이 있었다. 강진에 있는 한 교회 사모님이 "곧 갚겠다."며 아주 급박한 이유를 대며 돈을 빌려달라 해서, 전도사님은 그 말을 믿고 아는 분들에게까지 부탁해 돈을 빌려주셨다. 그러나 그 사모님은 어느 날 자취도 없이 이사를 가버려, 전도사님은 매일 이 무거운 짐을 지고 주님께 기도만 올리고 계셨다. 그러던 어느 날, 박 목사님께서 연락이 와서 혹시 빚진 것이 있느냐고 물으시고 전액을 모두 갚아주셨다. "주님, 이게 꿈입니까? 생시입니까? 주님 멋져요! 신기한 주님, 감사합니다!" 감격해 찬양하며 감사 기도를 올리시며 최 전도사님은 눈물을 글썽이셨다.

> "주님, 갚을 길 없는 빚도 갚아주시니 감사합니다. 주님만 신뢰하며 살게 하소서."

잊혀지지 않는 섬, 잊혀지지 않는 영혼

> "그가 모든 사람을 위하여 죽으심은 살아 있는 자들로 하여금 다시는 자기들을 위하여 살지 않고 오직 그들을 대신하여 죽었다가 다시 살아나신 이를 위하여 살게 하려 함이라"(고후 5:15)

통영에서 흑일도 들어가는 길은 쉽지 않다. 코로나 이전까지만 해도 버스 노선이 제법 자주 있었지만, 그 이후로는 대중교통이 많이 줄어 섬에 들어가는 데만도 인내와 시간, 경비가 필요하다. 아침 9시에 광주행 버스를 타고 광주에서 해남 가는 버스로 갈아탄 후, 1시간 반을 더 달려 땅끝마을 가는 버스로 또 한 번 갈아타고, 다시 한 시간 가까이 달려야 겨우 배를 탈 수 있는 선착장에 닿는다. 그러나 오늘은 버스가 늦게 도착하는 바람에 정기 여객선을 놓치고 말았다. 다행히 흑일도 영배 아버지의 도움으로 그분이 갖고 계신 배를 빌려 섬에 들어갈 수 있었다. 섬에 도착하니 최 전도사님과 정 집사님이 따뜻하게 맞아주신다. 오랜만의 만나 반갑게 인사를 나누고, 할머니 한 분뿐인 교인과 총 네 사람이 주일예배를 드렸다. 최 전도사님은 변함없이 정성껏 말씀을 전하시고, 섬 구석구석 복음을 전하고 전도하며 주님은 갈구할 심령들을 찾고 계시는데, 가진 것 없이 주님만 붙들고 살던 믿음들은 이제 떠나고 없다.

> "주님, 작은 섬의 한 영혼까지도 잊지 않으시는 주님을 찬양합니다. 이 땅의 잃어버린 영혼들을 다시 주께로 돌아오게 하소서."

흑일도에서 배운 교훈

> "내가 궁핍에 처할 줄도 알고 풍부에 처할 줄도 알아 모든 일에 배부르며 배고픔과 풍부와 궁핍에도 처할 줄 아는 일체의 비결을 배웠노라"(빌 4:12)

지난 번에 흑일도를 가려고 전남 해남에서 대한민국 가장 남쪽 땅끝마을까지 갔는데, 태풍과 짙은 안개로 배가 뜨지 못해 가지 못했다. 흑일도에 몇 번 전화를 걸었지만 연결이 되지 않아 완도군에 걸어 새 전화번호를 받아 연결이 되었다. 전화를 받은 분은 사모님으로 내가 정광섭 목사님을 찾는다고 했더니, 목사님은 1년 반 전에 소천하셨다고 한다. 마음속에서 뜨겁게 올라오는 아쉬움과 안타까움에 한동안 말이 나오지 않고 그분 얼굴만 떠올랐다. 사모님은 노회에서 사역을 위임 받아 흑일도 교회를 섬기며, 전도사로 위임 받기 위해 광주 강신 신학교를 매주 목요일과 금요일에 오가며 배우신다고 한다. 죽도보다 큰 흑일도는 물이 맑고 깨끗하며 섬 전체가 풍요로워 보인다. 주민들은 전복 양식으로 많은 수입을 올리며 경제적으로는 부족함이 없어 보이나, 사모님은 한숨을 쉬며 말씀하신다. "예전 가난할 때는 교회를 참 잘 다녔는데, 돈을 벌고 나서는 다들 교회를 멀리하네요." 사모님의 그 말씀을 들으며 나는 속으로, 어디서나 사람 사는 모습은 다 비슷한 오늘날 이 시대 현실을 다시금 돌아보았다. 배고프고 힘들 때는 주님을 찾지만, 등 따습고 배부르면 주님을 떠나는 것이 우리들의 연약한 본성으로 주님을 믿고 살아간다는 것이 얼마나 크고 놀라운 은혜인지 다시금 깊이 깨달았다.

> "주님, 세상 형편과 환경에 흔들리지 않고 주님만 의지하는 믿음을 허락하소서."

주는 자가 복이 있다

> "주는 것이 받는 것보다 복이 있도다"(행 20:35)

어젯밤 화장실을 가려다 전등 스위치를 찾지 못해 한참을 헤맸다. 흑일도 목사님 댁에서 화장실에 가려면 스위치 네 개를 켜고 방 네 개를 지나야 한다. 30여 년 전 정 목사님 가족 다섯이 처음 흑일도에 들어왔을 때는 서너 평 남짓한 작은 건물이 전부였다. 교회당은 서너 평짜리 방에 거실 겸 부엌이 붙어있고, 화장실은 바닷가 바위 옆에 있었다. 비바람이 몰아치는 밤, 화장실 가는 것이 무서웠던 아이들의 소원은 실내 화장실이었다. 목사님과 사모님 합작으로 작은 실내 화장실 겸 샤워장을 만들었는데, 그 작은 공간은 보통 사람도 몸을 구부려야 들어갈 수 있다.

주님은 예전에 내가 영종도에 있을 때 왜 그렇게 풀을 깎게 하셨을까 싶었는데, 흑일도에 와보니 이 일은 준비하게 하신 하나님의 훈련이었다. 수련회에 온 분이 잔디 깎는 기계를 사다 주셨지만, 사모님은 무섭다며 쓰지 못하신다. 섬 곳곳에 풀이 무성해 뱀이 누워 있고, 산돼지도 나오고 염소도 등장한다. 특히 밤에는 숲을 지나야 하기에 더욱 무섭다고 하시는데, 거칠게 자란 풀이라 돌이 튀겨 사모님이 하시기에는 위험하다. 그래서 나는 종일 풀을 깎았다. 김 집사님이 주신 손전등을 드렸더니 사모님은 무척 기뻐하신다. 전에 케냐에 갔을 때도 김 집사가 준 같은 전등을 김성준 선교사님께 드렸더니 매우 좋아하셨다. 내가 받은 것을 다시 나누니 감사하고, "주는 자가 복이 있다."는 말씀을 실감한다. 흑일도의 불편한 생활 가운데도 하나님은 반드시 필요한 것을 채워주시고 섬 사모님과 동행해주신다. 더 많은 것을 나누고 주님이 기뻐하시는 삶을 살다 주님 앞에 설 수 있기를 나는 오늘도 기도한다.

> "주님, 불편조차 훈련으로 바꾸시는 주님을 믿고, 가진 것을 나누며 살게 하소서."

죽도 사람들의 삶은 곧 간증

> "내가 진실로 너희에게 이르노니, 너희가 돌이켜 어린아이들과 같이 되지 아니하면 결단코 천국에 들어가지 못하리라"(마 18:3)

이번 주는 추석 명절이라 죽도 식구들과 함께하라는 주님의 마음이 내 안에 느껴졌다. 농협 하나로마트와 나래 반찬 가게를 들러 반찬과 목수건, 바나나, 두유, 감을 샀다.

"주님, 이들을 축복하시고 죽도가 예수 믿는 섬으로 변화되게 하옵소서. 주님, 아내 박명숙 선교사와 이인 선교사 장모님을 구원하여 주시옵소서. 아멘."

오늘은 유난히 날이 덥다. 명절날이라도 섬 교회에 누구 하나 찾아오는 이 없다. 주님은 그런 처지를 아시고 나를 죽도로 향하게 하신 것 같다. 오늘 예배에는 80이 넘은 네 분 어르신들과 함께 드렸다. 한광열 목사님은 "십자가 보혈로 죄

씻음 받아 구원받으라."는 말씀을 열정적으로 전하셨지만, 어르신들은 졸음을 이기지 못하셨다.

그 순간, 주님은 내게 먼 길 오느라 수고했다고 말씀하시듯, '축복' 또는 '공주'라는 아름다운 이름을 가진 주희를 보여주셨다. 35살이지만 대소변도 가리지 못하고, 이가 없어 밥도 씹어 먹여줘야 한다. 하루에도 수 차례 경기를 일으키켜 갑자기 쓰러지고, 얼굴과 잇몸은 찢어지곤 하다 보니 이가 다 빠져버렸다. 밤이 되면 축복이는 잠을 자지 못하고 방바닥을 두드려 아파트 주민들 불평으로 가족들도 잠 못 이루고, 낮에 잠깐씩 눈을 붙이며 살아간다. 그러나 축복이가 잠에서 깨어날 때의 천사 같은 얼굴을 보면, "어린아이와 같지 않으면 결단코 천국에 들어갈 수 없느니라." 하신 주님의 말씀은 변함없는 진리다.

강진에 사는 사모님께서 김치와 총각무를 보내주셨다. 나는 죽도 식구들과 나누고 싶어 섬으로 향했다. 죽도에 다녀온 사람들은 그곳을 이해하지 못한다. 나 역시 1년 반을 함께 살았지만 이해하지 못한 채 떠났고, 이제야 조금씩 알아가는 중이다.

구 사모의 간증처럼 죽도 사람들의 삶은 곧 간증이다. 사모님은 축복이를 등에 업고 밤새 벽에 이마를 대고 1분씩 눈 붙이며 견뎌야 했던 이야기를 하셨다. 밭에서 일하시던 목사님이 밤늦게 돌아와 아픈 아이를 밤새 함께 돌보셨고, 언제 경기를 하고 언제 쓰러질지 모르기에 늘 전쟁터였으나 오빠 찬양이 도움으로 그나마 숨 돌릴 틈이 있었단다. 내가 죽도에 갔을 때는 축복이 상태가 조금 나아진 뒤였지만, 그래도 축복이는 혼자 두면 안 된다. 축복이 얼굴에는 찢어진 상처와 꿰맨 자국이 가득한데, 어젯밤에도 축복이가 경련을 시작했다. 구 사모는 날아가듯 아이에게 달려가 방언으로, 눈물로 기도하며 축복이를 붙들었다. 그 손이 머무는 자리마다 하나님의 은혜가 임하듯, 곧 축복이의 얼굴은 평온을 되찾았다. 죽도 가족의 삶은 비상사태의 연속으로, 옷 갈아입을 새도 없이 잠들고 언제든 뛰쳐나갈 준비를 하고 있다. 그들의 삶은 오지 선교사와 다를 바 없다.

한 번은 축복이가 마을 어르신 집에 들어가 자고 있었고, 또 한 번은 삼판에 발이 끼어 바닷가에서 밤을 새우다 겨우 찾아낸 적도 있다. 구 사모의 꿈은, 축복이 같은 아이들이 넘어져도 다치지 않고 울어도 위로 받으며 마음껏 뛰놀 수 있는 집을 지어 함께 사는 삶이다. 축복이가 잠에서 깨어 천사 같은 평화로운 미소를 지으면, 그 미소가 하나님 얼굴을 비추는 것 같아 내 마음도 따뜻해져서 축복이에게 "축복아, 주님 만나면 나도 잘 말씀드려줘."라고 부탁한다.

> "주님, 축복이를 통해 천국 얼굴을 보여주시니 감사합니다. 어린아이 같은 순결한 믿음을 저희에게도 허락하소서."

작은 자를 돌보는 일은 주님 섬기는 일

> "지극히 작은 자 하나에게 한 것이 곧 내게 한 것이니라"(마 25:40)

죽도의 한 목사님과 구 사모님이 1주일 동안 영성 집회에 참석하셔서, 나는 축복이와 인천 김 집사님 댁에 머물렀다. 아침 6시 15분부터 축복이와의 하루가 내게 맡겨졌다. 오전 8시 축복이에게 죽 한 그릇을 먹이고 8가지 약을 복용하게 했다. 머리 숙이고 벌어진 이 사이로 쉴 새 없이 흘러내리는 침, 잇몸에서 흔들리는 썩은 이 세 개가 비뚤게 박혀 있었다. 아플 텐데도 손에 든 끈을 흔들며 불평도, 짜증도 없이 조용히 놀고 있는 모습이 참으로 이쁘고 착한 공주님이고 축복이다. 나는 기도하지 않을 수 없다.

"주님, 축복이가 아파합니다. 만져주시옵소서." 계속 흐르는 침, 얼굴 근육에 긴장이 잡히더니 공주님의 '작업(거사)'이 시작되었다. 변기로 모시고 가 앉히니 축복이의 선물이 반긴다. 우리는 그것을 '로또 당첨'이라 부른다. 약 부작용으로 변비가 잦아 이런 성공은 귀하고 감사하기 때문이다. 아침은 김 집사님이 남겨두신 갈비로 준비해 축복이와 함께 맛있게 먹었다. 공주는 자기 양만큼만 조용히 먹고 만족하니, 품위 있는 천사 같다. 11시 반이 되어 "공주님, 소피 보러 가시죠!" 하고 모시려 했는데, 아뿔사, 이미 바지가 젖어있다. 이불까지 흥건히 젖어 기저귀를 채우지 못한 것이 후회되었지만 엎질러진 물, 다 씻기고 옷을 갈아입히고 나니 아무 일 없었다는 듯 평안하게 낮잠에 빠진다. 스피커에서 흘러나오는 "경배, 경배 주님을 경배해…" 찬양을 들으니 공주님도 지금 주님을 경배하러 갔구나 싶다. 함께 가자 해놓고 축복이는 주님 곁으로 늘 먼저 달려간다. 오후 4시 45분, 다시 공주님 소피 시간. 화장실에 가서 또 놀라운 일을 보았다. 하루에 두 번이나 당첨이라니! 나는 감사하며 그저 주님의 긍휼만을 구할 뿐이다.

> "주님, 축복이 같은 작은 자를 돌보는 일이 주님을 섬기는 일임을 잊지 않게 하소서. 긍휼의 손길로 이 귀한 생명을 지켜 주소서."

어둠을 빛으로 바꾸신 하나님

> "지존자의 은밀한 곳에 거주하며 전능자의 그늘 아래에 사는 자여 그는 너를 그의 깃털로 덮으시리니 네가 그의 날개 아래에 피하리로다"(시 91:1, 4)

장호원 베데스다 교회는 원래 절 자리였으나, 지금은 주님의 은혜로 교회로 바뀌었다. 내가 머물렀던 건너편 방에는 멀쩡했던 두 사람이 그 방에서 죽었다는 이상한 이야기가 전해온다. 얼마 전 강원도에서 온 장애인 친구가 놀러 왔다가 밤이 늦어 그 방에서 하룻밤을 보냈는데, 아침에 일어나 보니 없었다. 강원도 그의 집으로 전화 해보니, 너무 무서워 새벽 1시에 도망치듯 집으로 갔다고 했다. 내가 그 방에서 6개월이나 탈 없이 평안하게 지낼 수 있었던 것은 얼마나 놀라운 주님의 은혜인가! 어떤 두려움도 해치지 못하게 하시고, 어둠의 기운조차 가까이하지 못하게 막아주신 주님의 보호에 감사기도를 드린다.

"주님, 평생 주의 장막 안에 거하며 주님만 의지하게 하소서."

사업가에서 주의 종으로 부르심 받은 이 화백

"네 행사를 여호와께 맡기라 그리하면 네가 경영하는 것이 이루어지리라."(잠 16:3)

나와 함께 통영에 거주하는 이화백은 나의 고등학교 동창 이찬기다. 그는 원래 고속도로와 항만사업을 하던 사업가였다. 그러나 IMF의 격랑 속에서 받을 돈은 받지 못하고, 갚아야 할 빚만 남게 되었다. 마음 착한 그는 빚을 갚으려 애썼으나, 그 시절 형편은 모두가 어려워 결국 사업을 접을 수밖에 없었다.

60대가 지나서야 그는 오래 품었던 그림의 꿈을 펼쳤다. 미술을 전공하지 않았음에도 국전에 입상할 만큼 재능이 뛰어나 늦게나마 화가의 길을 걸으며 새 인생을 열었다. 사업이 무너질 때 그가 보여준 신앙적 결단은 감동적이었다. 공사를 마치고 받을 큰 돈이 있었으나 서류 미비로 정당한 대금을 받지 못했다. 억울함과 빚더미 속에서 불완전한 서류를 꾸며 돈을 받았고, 재판을 받게 되었다. 감옥에 갈 수도 있는 상황에서 그는 판사 앞에서 이렇게 고백했다.

"저 때문에 외상으로 물건을 대주신 영세업체 분들이 있습니다. 식당 아주머니, 세탁소, 작은 가게들…. 저를 도와주신 그분들께 너무 미안했습니다. 제가 망하는 것은 감당할 수 있지만, 저 때문에 그분들이 고생하는 것은 차마 볼 수 없었습니다. 저는 잘못했지만, 일하지 않은 대가를 받은 것은 아닙니다. 앞으로 이런 일이 또 있다면 저는 또 그렇게 할 것입니다. 그분들을 버리고 도망칠 수는 없습니다."

판사는 이 고백을 듣고 오래 생각한 끝에 집행유예를 선고했다. 그는 이런 친구였다. 주님께서는 바로 그가 모든 것을 잃고 절망할 때 예수님을 알게 하셨다. 그 후 이화백은 나와 함께 여러 섬을 다니며 사역을 돕고, 장호원 베데스다 교회에서도 함께 섬겼다. 아프리카에도 세 차례 동행하며 주님을 알아가고 복음을 경험하는 동행자가 되었다.

> 주님, 이화백이 절망 가운데서도 주님을 만나 새 길을 열어 주신 은혜를 감사드리며, 그의 삶이 증거가 되어 많은 이들이 예수님을 알게 도와주소서.

어두운 터널 지나는 사량도 이태숙 사모님

> "애통하는 자는 복이 있나니 그들이 위로를 받을 것임이요."(마 5:4)

도산교회 김 목사님과 사량도 교회 이태숙 사모님을 만났다. 인사를 건네니 사모님은 멈칫하시며 나를 잘 알아보지 못하신다. 사랑하는 목사님이 소천하신 지 얼마 되지 않았으니 그러실 만도 하다. 사모님이 말씀하신다. "목사님은 고아로 자라셨어요. 그래서 아픈 이들 마음을 누구보다 잘 아셨지요." 가족 사랑과 헌신이 얼마나 깊었는지 느껴지는 그런 목사님이 손녀를 데리러 가다 교통사고를 당해 소천하셨다. 그 사랑만큼이나 사모님 슬픔도 크다.

딸은 어린 시절 뇌염으로 생명은 건졌으나 육체와 지능의 장애를 입었다. 그 사정을 이해한 교회 안수집사님이 자신의 아들과 결혼 시켰지만, 딸이 아이를 낳은 후부터 힘들어져 결국 이혼할 수밖에 없었고 그 과정 속에 대학 재학 중이던 손녀는 깊은 상처를 받았다. 사모님 아들은 한국에서 안수를 받고 미국으로 간 목사님인데, 영주권 문제로 귀국해 지금은 부산의 한 교회에서 부목사로 섬기고 있다. 사모님은 덧붙여 말씀하셨다. "지금 살고 있는 아파트는 손녀 이름으로 얻은 집인데, 올해까지만 있을 수 있다고 하네요." 한숨에 실린 무게가 내 가슴을 짓누른다.

> "주님, 외롭고 아픈 시간을 지나고 있는 이 딸을 강한 손으로 붙들어 주시고, 주님의 은혜와 위로로 감싸 주시며, 상처 난 마음에 주님의 평강이 스며들게 하소서."

콩팥 팔려는 날 들린 음성

> "네가 물 가운데로 지날 때에 내가 너와 함께 할 것이라. 강을 건널 때에 물이 너를 침몰하지 못할 것이며, 네가 불 가운데로 행할 때에 타지도 아니할 것이요, 불꽃이 너를 사르지도 못하리니."(이 43:2)

김영원 선교사님 부부와 함께 흑일도로 가서, 우리는 러시아의 혹한 선교지 이야기와 최 전도사님의 굶주렸던 시절 고백을 들었다. 이 섬에서는 아침저녁으로 두 차례 어김없이 예배가 드려지고 있다. 전도사님은 "이곳에서는 예배와 기도밖에는 다른 길이 없습니다. 그것으로 40년을 버텼고, 그것이 주님이 기뻐하시는 일이라고 믿습니다."라고 하신다.

그날 오후 부산 수영로 교회 백 전도사님 부부도 섬에 도착했다. 저녁예배 시간, 최 전도사님은 젊은 시절 콩팥을 팔려던 간증을 하셨다. 빚이 무려 1억 5천만 원에 이르고 하루에도 수십 통 빚 독촉 전화가 쏟아지던 때, 정 목사님이 일본 신문을 들고 와 말씀하셨다. "도저히 안 되겠소. 콩팥이라도 팔아야겠소."

그 말을 들은 최 전도사님은. "당신이 콩팥을 팔고 죽으면 교회를 이어갈 수 없으니 내가 팔게요." 라고 단호하게 말씀하셨단다. 며칠 뒤, 막내아들을 등에 업고 신문을 들고 서울로 올라갔다. 그러나 아무리 기다려도 콩팥 사겠다는 이는 나타나지 않아 지쳐 쓰러질 듯한 저녁, 우연히 문이 열린 교회 지하실에 들어가 무릎 꿇고 "주님, 콩팥을 팔러 왔습니다."하며 통곡 속에 기도했다. 그 순간 갑자기 누군가가 뒤통수를 치는 듯한 강한 느낌이 있어 깜짝 놀라 돌아보았지만 아무도 없었다. 그리고 마음 깊은 곳에서 들려오는 음성이 있었다. "내 콩팥을 네가 왜 팔려 하느냐?" 그 음성 앞에 전도사님은 무릎 꿇고 "주님, 잘못했습니다."라며 울며 회개했다.

그날 이후 기적은 시작되었다. 뜻밖의 사람들이 삼백만 원, 사백만 원씩 보내왔고, 그렇게 모아진 돈으로 결국 그 많은 빚을 모두 갚을 수 있었다. 최 전도사님은 간증 끝에 이렇게 고백하셨다. "하나님은 참 좋으신 분입니다. 사랑하는 종을 실망시키지 않으시는 하나님께 감사합니다." 주님의 은혜의 손길은 흑일도 작은 예배당 안에도 여전히 살아서 역사하고 있다.

> "주님, 믿음으로 울부짖는 자를 외면치 않으시고 절망 속 저희를 버리지 않으시고 붙드시는 은혜에 감사합니다. 끝까지 주님만 의지하게 하소서."

제 6 부
말씀으로 뿌리내린 사람들

기도로 사는 김경희 집사님

말씀대로 사는 용삼이 할아버지

주님 앞에 드릴 한 마디

하나님도 외면치 못한 기도

순종이 열어준 주님의 응답

하나님과의 직통 전화

화도교회 작은 등불 신수연 전도사

여덟 살 전도자 하결이

고난 속에 지켜낸 믿음

성경 읽는 믿음의 어머니

하나님이 쓰시기에 딱 좋은 그릇

주님이 보내주신 천사 같은 동역자

하늘에 쌓는 박보영 목사님 예물

죽음의 문턱서 살아난 박금자 권사님

부활의 소망을 붙잡고

보길도 동광교회 변상호 목사님

동광교회 정정순 할머니

흑일도 교회 짓기

제 6 부
말씀으로 뿌리내린 사람들

기도로 사는 김경희 집사님

> "죄의 삯은 사망이요 하나님의 은사는 그리스도 예수 우리 주 안에 있는 영생이니라."(롬 6:23)

복음교회 김경희 집사님은 지난 26년 동안 거의 모든 시간을 교회에서 기도하는 데 드려온 분이다. 기도하다 잠들고 잠에서 깨어나면 다시 무릎 꿇어 기도하며, 새벽예배를 드린 후 직장으로 향하는 삶을 이어왔다. 결혼 후에도 집에는 며칠씩만 머물 뿐, 대부분의 시간은 교회에서 밤을 새우며 기도한다. 그 가운데 집사님은 예수님을 수없이 만나는 영적 체험을 자주 하고 천국을 다녀오는 경험도 하였다. 그렇게 기도로 충만한 삶을 살았지만, 주님 앞에서는 여전히 자신이 지은 죄로 인해 천국에 들어갈 수 없음을 깨닫게 되었다는 것이다. 주님께서는 아주 작은 죄도 기억나게 하셨고, 회개하지 않은 죄로 인해 지옥에 떨어질 수밖에 없는 두려운 진실도 알게 하셨다. 특히 지옥은 한 번 들어가면 영원토록 결코 나올 수 없는 곳이라는 사실이 집사님 마음을 흔들었다. 줄로 팔과 다리, 목을 묶어 끌려 다니는 고통조차도 가벼운 징벌처럼 여겨질 정도로 그곳의 형벌은 처참하다고 했다. 주님은 3개월을 이같은 것들을 보여주시며 말씀하셨다. "아무리 작은 죄라도 결코 가볍게 여기지 말고, 죄를 두려워하며 회개하는 삶을 살라."

그 후로 집사님 기도는 완전히 달라졌다. 기도할 때마다 "주님, 어떻게 해야 하나요? 주님, 저를 불쌍히 여겨 주옵소서"라는 통회의 기도만 흘러나오게 된 것이다. 그리고 깨달은 것은, 수많은 사람들이 죽어가지만 대부분 하나님을 알지 못한 채 지옥으로 가고 있다는 것이다. 이에 침묵할 수 없던 집사님은 사람을 만날 때마다 "이렇게 살면 지옥에 갑니다. 하나님을 두려워할 줄 아는 사람이 되십시오."라고 지옥에 대해 경고하게 되었다. 이 간증을 들으며 나 또한 마음 깊이 회개하지 않을 수 없었다.

> "주님, 제가 저의 죄를 가볍게 여기지 않고, 늘 회개하고 주님을 두려워할 줄 아는 마음으로 주님 앞에 서게 하소서."

📖 말씀대로 사는 용삼이 할아버지

> "오직 선을 행함과 서로 나누어 주기를 잊지 말라. 이같은 제사는 하나님이 기뻐하시느니라"(히 13:16)

용삼이 할아버지는 도산교회에서 3년간 열심히 신앙생활 하시다 천국으로 가신 박복임 할머니 남편이시다. 지금은 혼자 계시지만, 누구보다 행복하게 살아가고 계신다. 예전의 할아버지는 차에 대병 소주를 싣고 다니며 술을 마셨고, 하루 다섯 갑 담배를 피웠으며 경찰에게 걸리면 욕하고 싸우던 무서운 분이셨다. 그러나 아내가 소천하신 후 교회에 나오기 시작하면서 놀라운 변화가 일어났다. 하루 다섯 갑 피우던 담배를 단번에 끊으신 것이다. 생일을 맞은 교인들에게 빳빳한 돈다발을 들고 와서 기쁨으로 5만 원씩 쥐여주며 활짝 웃으시는 모습은 보는 이들 마음을 따뜻하게 했다. 오늘도 목사님 사모님 생일을 맞아 "안 받겠다." 하시는 것을 억지로 드리며 크게 웃으신다.

"나는 마음 편하고 즐거워. 이렇게 줘도 은행에 600만 원이나 있어!"

손주들에게도 넉넉히 용돈을 주신다는 이야기를 들으며, 나는 이분이야말로 히브리서 13장 16절과 누가복음 6장 38절 말씀을 실천하며 주님 은혜를 많이 받은 분이라는 생각이 들었다. "주라 그리하면 너희에게 줄 것이니 곧 후히 되어 누르고 흔들어 넘치도록 하여 너희에게 안겨 주리라." 이 말씀은 살아 계신 하나님의 변치 않는 진리다.

우리가 주님 말씀대로 살기 위해서는, 그 말씀을 눈에 보이는 곳곳에 붙여 놓고 자주 읽으며 마음에 새겨야 한다. 말씀을 소리 내어 읊조리다 보면, 어느 날 말씀 자체가 기억 속에 살아 움직여 우리 삶을 인도하게 된다.

> "주님, 우리가 말씀대로 살 때 말씀대로 이루어지는 기적을 날마다 체험하게 하여 주시옵소서."

주님 앞에 드릴 한 마디

> "선을 행하고 전혀 죄를 범하지 아니하는 의인은 세상에 없기 때문이로다."(전 7:20)

도산교회 박복임 집사님은 3년 동안 열심히 믿고 사시다 천국 가신 분이다. 나이가 80이 넘으셨는데, 나에게 기도문을 적어 달라고 하셔서 새벽 3시면 일어나 그 기도문을 읽으셨다. 도산교회 새벽기도는 나와 할머니, 목사님과 사모님 넷이 드렸는데, 좀 특이한 새벽기도로 목사님 설교 중 할머님이 거드신다. 며느리 이야기부터 있던 일을 말씀하시면 목사님은 대화를 나누시다 설교를 이어가곤 했다.

어느 날 할머님이 말씀하셨다. "엄지발가락에 티눈이 나서 너무 아파 신발을

신을 수가 없었는데, 이게 기도해서 나았어요. 다시 아프면 안 될 것 같아서 요즘은 이렇게 기도해요. '주님, 이거 다시 아프게 하면 안 돼요. 내가 동네 사람들한테 하나님이 고쳐주셨다고 얼마나 자랑하고 다녔는데 또 아프게 하면 하나님이 창피한 일이에요.'" 듣고 보니 그럴듯한 말이다. 주님도 창피하시기 싫으실 테니 더는 아프게 안 하실 것 같았다.

흑일도 '사랑이 넘치는 교회 최경숙 전도사님은 40년 전 남편 되시는 정 목사님과 섬에 들어와 아이들 셋을 데리고 굶다시피 하며 가난하게 목회를 해오셨다. 6년 전 정 목사님은 주님께 가셨고, 지금은 혼자 계신데 전도사님은 동네 사람들을 만날 때마다 이렇게 말씀하신다. "우리 아버지는 부자예요." 하지만 동네 사람들은 비웃는다. "아버지가 부자면 왜 이렇게 가난하게 사느냐?"고. 그런데 지금은 하나님께서 복을 주셔서 교회도 새로 짓고 건물도 새로 올리셨다. 이제는 동네 사람들이 전도사님을 보면 "돈 좀 빌려 주세요."라고 할 정도다. "우리 아버지가 부자다."라고 선전하고 다니셨는데, 계속 가난하게만 살게 하셨다면 주님 체면이 안 서셨을 것이다. 주님께서 전도사님을 풍족하게 하신 것은 주님 이름을 높이기 위한 섭리가 아니셨을까? 나는 이 두 분을 보며, 나도 주님 앞에 갔을 때 주님께 드릴 말씀 하나는 있어야겠다는 생각이 든다.

> "주님, 붙들고 지킬 수 있는 말씀 한 마디를 주셔서 주님 앞에 설 때 고백할 수 있게 하여 주시옵소서."

하나님도 외면치 못한 기도

> "내가 네 말대로 사하노라."(민 14:20)

민수기 13~14장을 묵상하다 보면, 가나안 땅을 정탐하고 돌아온 이스라엘 백성들의 이야기가 나온다. 열두 정탐꾼 중 여호수아와 갈렙을 제외한 나머지 열 명은 "우리는 그들 앞에 메뚜기 같았다"며 두려움과 불평을 쏟아냈다. 그들은 홍해가 갈라지는 기적도 보았고, 불기둥과 구름기둥, 만나와 메추라기의 은혜를 날마다 경험한 자들이었음에도 눈앞의 현실 앞에서 믿음을 잃었다. 하나님께서는 그들의 불평과 불신앙에 분노하시고, 여호수아와 갈렙을 제외한 모든 사람들을 광야에서 죽게 하시기로 작정하셨다. 그때 모세는 하나님 앞에 간절히 기도했다. "주여, 만일 이 백성을 여기서 다 멸하시면 애굽 사람들은 말할 것입니다. '하나님이 맹세한 땅으로 인도할 능력이 없어 광야에서 죽게 하셨다'고 말할 것입니다."(민 14:16) 하나님께서 이 기도를 들으시고 "내가 네 말대로 사하노라."(민 14:20)고 하셨다. 하나님조차 응답하지 않을 수 없던 기도로, 나는 그와 같은 기도를 드리고 싶었다. 주님은 통영에서 그런 기도를 드리는 한 분을 만나게 하셨다.

통영은 나에게 낯선 땅으로 죽도를 통해 알게 하셨고, 한국에 올 때마다 도산면에 위치한 숲속의 작은 천국 도산제일교회를 들르게 하셨다. 김용진 목사님과 사모님은 나를 항상 반갑게 맞아주셨고, 텃밭에서 나온 재료로 정성스런 밥상을 차려주셨다. 목사님은 삼성에 다니시다 40대에 신학교에 들어가 25년간 이 교회를 섬기셨고, 은퇴를 3년 남겨두셨다. 교인은 10명 정도로 대부분 노인이며, 목사님은 교회가 부흥되지 않아 주님께 미안하다고 작년 1년 내내 겨울에도 교회에서 지내셨다. 도산교회 새벽기도는 새벽 5시인데, 목사님은 새벽 4시에 두 분 할머니께 매일 전화하고 4시 반이면 할머니들을 모시러 간다. 오늘 새벽은 사모님 몸이 아프셔서, 목사님과 나, 그리고 박복임 할머니만 오셔서 셋이 새벽기도를 드렸다. 찬송 부르고, 기도하고, 말씀을 나누는 중간에 할머니가 말씀하신다. 박복임 할머니는 한글을 모르셨는데, 교회에 와서 사모님께 글을 배우셨다. 지금도 예배 때는 사모님 옆에 앉아, 사모님이 천천히 읽어주시면 따라 읽으신다. 목사님은 주님께서 저를 위로하시려고 박복임 할머니를 보내주셨다고 하신다. 오늘 새벽기도는 내게 하나님의 응답기도가 어떤 것인지 다시금 깨닫게 허준 은혜의 시간이었다. 주님께서 박복임 할머니를 기뻐하셨던 것일까? 그동안 교회에 나오지 않던 할아버지께서 지난 주 처음 함께 예배에 나오셨다. 걸음도 불편하신 그분이 스스로 교회에 나오신다니, 주님께서 사랑하는 딸에게 보너스를 주신 것 같다. 박복임 할머니는 가끔 목사님 주머니에 만 원짜리 한 장을 슬쩍 넣어주셨다. 3년을 열심히 주님을 사랑하고 믿음의 삶을 살다 지난달 천국으로 가셨다. 한 영혼이 삶을 통해 믿지 않던 할아버지와 자녀들에게 하나님을 전혀 주신 하나님의 응답이었다.

> "주님, 저도 하나님을 기쁘시게 하는 기도, 주님께서 웃으시며 응답하실 수밖에 없는 기도를 드리게 하여 주시옵소서."

📖 순종이 열어준 주님의 응답

> "순종이 제사보다 낫고 듣는 것이 수양의 기름보다 나으니."(삼상 15:22)

오늘은 흑일도에 가는 날, 다녀온 지 두 달쯤 되었는데 다시 길을 나서 해남에 들러 점심을 먹고 땅끝마을로 향했다. 오후 4시 배를 타고 도착하니 최 전도사님이 반갑게 맞아주셨다. 저녁 식사 후 8시 기도 모임을 갖고 주일 예배를 위해 일찍 잠자리에 들었다. 주일 아침에는 새벽기도가 없어 아침 식사 후 바로 교회로 향했는데 예배당에는 아무도 없다. 예배 시간이 조금 지난 후, 집사 할머니 한 분이 허리를 굽히고 들어오셨다. 그분이 오늘의 교인이었다. 전도사님은 말씀하셨다. "전에 동네가 가난할 때는 사람들이 교회에 많이 나왔는데, 양어장으로 돈을 벌면서 사람들이 하나님과 교회와도 멀어졌습니다." 무엇이 진정한 복일까 생각하게 된다.

   최 전도사님은 오래 전 이야기를 들려주셨다. 가난하던 시절, 어느 여름 의대생들이 섬에 선교 여행을 왔는데 그 중 한 명은 용인에서 큰 병원을 운영하는 권사님 딸이었다. 그때는 변변한 교회도 없었고 지붕에서 물이 새 바닥에 양동이 8개를 놓아야 했으며, 화장실도 집과 멀리 떨어져 있어 집안에 낮은 천장의 작은 화장실을 지으셨다. 그 여학생은 일주일을 지내며 머리도 제대로 감지 못한 채 돌아가 어머께 세상에 아직 이런 곳이 있다며 교회 이야기를 전했다. 며칠 뒤 딸 이야기에 감동한 어머니 권사님이 헌금을 보내왔다. 몇 년 후 권사님은 병원과 제약회사 사이 리베이트 문제로 기도를 부탁하셨고, 실형을 선고 받았지만 기도 중에 감형되어 출소하셨다. 헌금을 많이 하던 분이었으나 병원과 집에는 여전히 어려움이 이어지던 어느 날, 전도사님은 기도 중에 '십일조' 말씀을 받고, 조심스럽게 권사님께 물으셨다.

   "혹시, 십일조는?" 그러자 권사님은 깜짝 놀라며 "그건 아무도 모르는 일인데 어떻게 아셨어요? 이제부터는 반드시 십일조를 드리겠습니다."라고 하셨다. 그 후 더 이상 기도 부탁이 없어진 것을 보니 이제는 염려 없는 삶을 살고 계신 듯하다고 했다.

> " 주님, 우리가 말씀에 순종하며 믿음으로 나아갈 때, 응답해 주시는 은혜를 경험하게 하소서."

하나님과의 직통 전화

"내가 부르짖으매 주께서 응답하시고 내 영혼에 힘을 주어 나를 강하게 하셨나이다"(시 138:3)

흑일도에 가려고 찬기와 지나, 그리고 나 셋이서 차를 타고 출발했다. 진주를 지날 즈음, 차 뒷자리에서 통화 소리가 들렸다. 지난번 탄자니아에 갈 때, 우리가 못 쓰는 휴대폰들을 모아 현지인들에게 주었던 일이 있었다. 그 중 폴더폰은 현지인들도 별로 좋아하지 않아, 하나를 지나에게 주었더니 혼자 녹음도 하고 사진도 찍으며 마치 외계인 ET처럼 기계를 다루었다. 지나가 폰을 만지작거리더니, "하나님, 안녕하세요?" 또 조금 후에는, "하느님, 감사합니다." 한다. 고개를 돌려 보니, 하나님과 통화를 하고 있다. 이번 여행에서 하나님과 직통 전화를 개설하신 모양이다. 통화가 끝난 후 무슨 이야기를 나눴냐고 물어보니, "그냥 이것저것 하나님께 말씀드렸어요."라고 한다. 앞으로는 지나 앞에서 말조심해야 할 것 같았다. 모든 것을 하나님께 바로 보고하니 말이다.

지나는 정말 특별한 아이다. 우리가 땅끝마을 선착장에 도착해 표를 사려 하는데, 그날은 바람이 너무 불어 배가 뜨지 않는다고 했다. 우린 어쩌나 하고 서 있었는데, 표 파는 직원이 오더니 "지금 배가 뜹니다."라고 하고 아직 4시 반 배 시간도 안 된 3시 반 즈음 배가 선착장으로 들어왔다. 시간 여유가 있으리라 생각했는데 배는 곧장 떠났고 놀라서 돌아보니, 승객은 우리뿐으로 정말 우리만을 위해 배가 뜬 것이다.

흑일도에 도착하자 섬 사람들도 놀라며, 오늘은 기상 악화로 배가 안 뜨기로 했는데 어떻게 오셨냐고 정말 신기하다고 했다. 배편이 그렇게 즉흥적으로 움직일 수 있는 시스템이 아닌데, 이것은 사람이 만들어낼 수 없는 하나님의 간섭이자 기적이었다.

> "주님, 우리 삶 속에서 놀라운 방법으로 간섭하시며 길을 내시는 주님 은혜에 감사합니다."

화도교회 작은 등불 신수연 전도사

> "의인은 종려나무 같이 번성하며 레바논의 백향목 같이 자라리로다. 여호와의 집에 심겼음이여 우리 하나님의 뜰 안에서 번성하리로다."(시 92:12-13)

주일 예배를 꽃같이 아름답다는 섬 화도에서 드리기로 했다. 통영에서 가장 가깝고도 먼 섬으로, 어젯밤부터 비바람이 거세게 몰아치더니 아침에는 더 굵은 빗줄기가 퍼붓는다. 배를 타고 들어가기에는 쉽지 않은 날씨였지만, 관광객이 적을 것 같다는 생각에 오히려 마음은 평안했다.

아침 7시, 통영 터미널에서 죽도 방향으로 가는 배에 몸을 실었다. 죽도를 지나 여러 섬들을 돌아 돌아 2시간을 지나 화도라는 섬에 도착했다. 육지에서는 바로 보이는 섬이지만, 배로 오니 마치 종점처럼 멀게만 느껴졌다.

비바람을 맞으며 내리니 교회는 배 내리는 곳에서 반대편 산언덕에 있다고 했다. 어제부터 전화가 닿지 않아 연락 없이 왔다고 미안해하자, 섬 주민 한 분이 전화를 대신 걸어주셨다. 수화기 너머로 반가운 음성이 들려왔고, 곧 산등성이 위에서 낡은 트럭 한 대가 내려왔다. 하얀 백발에 작은 체구에 불편한 다리를 이끌고 걸어오시는 이 분이 바로 화도교회에서 34년을 사역하신 72세 신수연 전도사님이다. 얼굴은 마치 열일곱 소녀처럼 맑아, 눈물과 비바람 속에서도 오히려 햇살처럼 따스히 빛난다.

교인 네 명과 우리가 더해져 조용하고도 따뜻한 예배를 드렸다. 예배 후, 내 뒤에 앉으셨던 중년 부부를 보며 전도사님은 말씀하신다. "저분은 이 섬 출신인데 목사가 되어 저보고 이제 그만 나가라고 하네요." 올해 안에 섬을 떠나야 할지 모른다는 전도사님, 하지만 갈 곳이 마땅하지 않다고 하신다. 평생을 처녀로 살며 주님께 일생을 바친 종의 눈망울에 외로움이 스쳤지만, 그 미소는 여전히 밝았다.

> "주님, 바람 많고 비 많은 섬에서 한결같이 주님만 바라보며 화도의 작은 등불로 주님의 향기를 피우며 살아온 주의 작은 여종에게 안식할 곳을 허락하소서. 그 사역의 향기가 천국에서도 이어지게 하옵소서."

여덟 살 전도자 하결이

> "어린 아이들과 젖먹이들의 입으로 권능을 세우심이여"(시 8:2)

흑일도에 사역 중인 최 전도사님의 첫째 딸인 사라 선교사가, 인도네시아에서 잠시 한국에 다니러 왔다. 형편상 올 수 없는 상황이었지만, 주님의 은혜로 여덟 살 아들 하결이와 어린 딸 은결이와 함께 병 치료를 위해 귀국했다. 사라 선교사가 하결이에게 한국에 간다고 하자, 하결이는 고개를 갸웃하며 이렇게 말했다. "엄마, 전도하러 와서 전도도 안 하고 한국에 가면 어떻게 해?"
"병원 다녀오는 거야." "그럼 다녀와서 전도하면 되겠네!"
여덟 살짜리 어린아이 입에서 나온 이 말이 얼마나 깊은 울림을 주는지, 하결이는 진정 전도자였다. 사라 선교사가 웃으며 말했다. "하결이랑 민망해서 못 다니겠어요."
어느 날 한국에서 버스를 기다리며 역 근처에서 과자를 사 주었는데, 하결이가 갑자기 옆에 앉은 할아버지에게 다가가 말했다. "저는 인도네시아에 살고 있는 하결이라고 합니다." "그래? 인도네시아는 왜 갔니?" "예수님 전하러 갔어요!" "그래? 예수님 믿어?" "할아버지, 예수님 믿으세요?" "아니, 난 안 믿어." "예수님 안 믿으면 지옥 가요." "너 지옥 가봤니?" "그래서 우리에게 성경을 주셨어요. 성경에 다 나와 있어요. 예수님 안 믿으면 지옥 간다구요!"

사람들 앞에서 거침없이 복음을 외치는 하결이 때문에, 사라는 농담처럼 말했다.

"창피해서 빨리 돌아가야겠어요." 그 말을 듣는 최 전도사님 얼굴에는 기쁨이 가득했다. 주님께서 하결이를 통해 위로하시고 기쁨을 부어주시는 듯했다. 사라 선교사는 인도네시아로 돌아간 후 전화로 하나님이 엄마가 흑일도에 계신 걸 얼마나 기뻐하시는지 모른다고 했다. 사라는 인도네시아 땅에 들어가서야 비로소, 무엇이 하나님을 기쁘시게 하는 삶인지. 어디에 있든, 누구와 있든, 어떤 형편이든, 주님의 마음을 헤아리는 삶이 가장 복된 삶이라는 것을 알게 되었다고 고백한다. 주님은 그들의 헌신을 보시며 기뻐 웃고 계실 것이다.

> "주님, 여덟 살 하결이를 통해 복음의 단순한 진리를 다시 배우게 하시니 감사합니다. 그 믿음을 통해 우리 모두 부끄럽지 않은 증인 되게 하소서."

고난 속에 지켜낸 믿음

> "눈물을 흘리며 씨를 뿌리는 자는 기쁨으로 거두리로다."(시 126:5)

섬에서 주님의 교회를 섬기며 살아온 최 전도사님의 둘째 딸 안나는, 아버지 목사님이 천국에 가신 후 선교지에 나가 있었다. 그러나 마음의 방향을 잃고 늘 우울한 얼굴로 한구석에 쪼그리고 앉아 울기만 했기에, 선교팀의 목사님이 안타까워 말씀하셨다. "잠시 집에 돌아가 쉬면서 어머니를 도와드려라." 그리하여 지금은 흑일도로 돌아와 전도사님 곁을 지키고 있다.

어느 날, 전도사님은 슬픔에 잠겨 있는 안나를 위로하려고 물으셨다. "안나야, 엄마가 너한테 천만 원을 준다면 어디에 쓰고 싶으냐?" 안나는 웃으며 대답했다.(물론 엄마에겐 천만 원이 없다.) "엄마, 내가 선교지 교회 건축 헌금으로 200만 원 약속한 게 있는데, 그거부터 낼 거야. 그리고 나 평생 새 옷 한 번 못 사봤잖아. 겨울에 입을 가벼운 잠바 하나 사고 싶어. 그리고 평생 여행 한 번 못 가봤어. 엄마랑 어디든 함께 여행 가고 싶어."

그것이 안나의 소박하지만 눈물 나는 소원이다. 안나는 국민학교 6학년 때부터 섬을 떠나 육지에서 학교를 다녔다. 그때는 섬에 초등학교만 있었고, 지금은 아예 폐교되었다. 한 권사님 집에서 머물며 학교 다녔는데 엄마와 떨어져 살다 보니 부모도 자식도 힘들었다. 전도사님은 힘겹게 지하 단칸방을 구해주었는데, 밤에 그 집을 찾아가 불을 켰는데 바닥이 새까맣게 바퀴벌레로 뒤덮여 아이들 몸을 물고 있었다. 그 광경을 본 전도사님은 너무 놀라고 미안해 펑펑 울었다고 한다. 하신다. 쫓겨 다니는 객지생활로 견뎌온 세 남매, 그러나 안나는 언니가 고생을 더 많이 했다고 한다. 기적과 같은 하나님 은혜로 두 딸은 신학교를 마치고, 큰딸 사라는 목사님과 결혼해 인도네시아 정글속 선교사로 나갔고, 안나도 언젠가 그런 믿음의 사람을 만나 평생을 주님을 위해 사는 것이 꿈이라고 한다. 안나의 꿈이 마잖아 이루어질 것으로 믿는다.

> "주님, 고난 속에서 눈물로 씨를 뿌린 안나가 반드시 기쁨의 단을 거두게 하소서."

📖 성경 읽는 믿음의 어머니

> "또 어려서부터 성경을 알았나니 성경은 능히 너로 하여금 그리스도 예수 안에 있는 믿음으로 말미암아 구원에 이르는 지혜가 있게 하느니라."(딤후 3:15)

흑일도 정 목사님의 어머님은 참으로 이상하신 분이라고 많은 이들이 말한다. 정 씨 종가집 맏며느리로 시집와 예수님을 믿고 많은 핍박과 고난을 받으며 살아오셨고, 지금은 아흔을 넘기셨다. 이상한 점은, 한글을 전혀 모르시는데도 성경은 아침부터 밤까지 하루도 빠짐없이 읽으신다. 지금은 강원도에 계시지만, 흑일도 사모님과는 얼마나 친한지 전화만 오면 마치 어린아이처럼 깔깔 웃으며 한참을 통화하신다.

정 목사님이 생전에 어머니 전화를 받으실 때면, "내가 나가서 30분 후에 올까?" 하고 사모님께 여쭤보셨다 하니, 그 친밀함이 짐작된다. 한 번은 어머님이 기침이 멈추지 않아 병원에 입원하셨고, 사모님이 2개월 동안 병간호를 하셨다. 그러나 병세는 나아지지 않고 병원에서는 항생제만 계속 처방하였다. 기도하던 중 사모님은 시어머님에게서 이상한 영적 기운을 느꼈고, 그것이 마귀의 장난이라는 확신을 갖게 되었다. 그래서 어머님께 말씀드리고 "이제부터 배가 아프다고 핑계를 대고 약을 끊자."고 권하였다. 정말로 약을 거부하고 버티자 병원에서도 어쩔 수 없이 퇴원시켰고, 놀랍게도 퇴원 후에는 기침이 완전히 사라졌다.

그 후로 병원에서는 "이상한 할머니"라고 소문이 났다고 한다. 기침만 멈추면 밤낮으로 큰 성경책을 앞에 두고 성경을 읽으시니, 도무지 이해할 수 없었던 것이다. 아마도 그분이 한글을 전혀 모르신다는 사실을 알았다면 더욱 놀라워했을 것이다. 어머님은 며느님을 몹시 사랑하셔서, 찾아 뵐 때마다 주머니에서 꼬깃꼬깃 모은 용돈을 꺼내어 "돌아가는 길에 정 목사하고 맛있는 거 사먹고 가라." 하셨다고 한다.

한때는 흑일도로 어머니를 모시려 했으나, 작은아들 목사님이 섬에서 병이라도 나면 안 된다며 극구 만류하여 모시지 못했다. 사모님은 늘 아쉬워하며, "새벽마다 정성껏 기도하시고, 성경책이 손에서 떠나지 않는 믿음의 어머님이 곁에 계셨다면 큰 기도의 힘이 되었을 텐데" 하고 그리워하신다. 믿음의 어머니를 통해 귀한 작은 예수 같은 목회자가 태어난 것이다. 어머니의 기도와 성경 사랑이 정 목사님의 목회 인생에 얼마나 큰 뿌리였을지 짐작이 된다.

> "주님, 성경을 사랑하고 기도로 자녀를 세운 믿음의 어머니가 계셔서, 흑일도 섬에 복음의 씨앗을 심으셨으니 감사합니다."

하나님이 쓰시기에 딱 좋은 그릇

> "그러므로 누구든지 이런 것에서 자기를 깨끗하게 하면 귀히 쓰는 그릇이 되어 거룩하고 주인의 쓰심에 합당하며 모든 선한 일에 준비함이 되리라."(딤후 2:21)

정 목사님 살아 계시던 어느 날, 사모님이 설거지를 하다 시집올 때 가져온 40

년 넘은 프라이팬을 닦으며 혼잣말을 하셨다. "오래되었지만 쓰기 편하고 참 좋은 물건이야." 그런데 그 순간, 사모님 마음에 하나님 음성이 들려왔다. "그래, 그것이 너한테 쓰기 편하지? 나한테도 네가 참 쓰기 편하단다." 그 말씀을 듣는 순간, 사모님은 부엌 바닥에 주저앉아 한참을 울었다고 하신다. 그 모습을 본 정 목사님이 달려와 무슨 일이냐고 물으셨고, 사모님이 그 음성에 대해 설명하자 목사님은 "그래, 당신은 정말 하나님이 쓰시기에 딱 좋은 사람이야." 라고 인정하셨다. 사모님은 시골 아주머니 같아 누구든 편하게 대할 수 있는 인상이다. 밭일을 하실 때도 목사님은 "당신은 왜 그렇게 고생하면서 밭을 일구려 해? 아버지께 기도드리는 게 훨씬 빠를 걸." 하셨다고 한다.

어느 날 친분 있는 목사님이 방문하셔서 "나는 하나님 의붓자식 같고, 사모님은 하나님 친자식 같아요."라며 웃고 가셨다고 한다. 정말이다. 사모님의 기도하시는 모습은 꼭 친정아버지께 말씀드리는 딸의 모습이다. 어려운 일이 생기면 "아버지, 어떻게 해요? 아버지…"라고 그저 엎드려 부르짖는다. 그렇게 기도하고 나면 하나님 아버지께서 들어주시고 길을 열어주신다고 하신다. 사모님은 새벽마다 기도 방에 올라가 몇 시간이고 홀로 주님과 대화하며 기도하신다. "주님은 이 딸을 얼마나 사랑하실까?" 하고 고백하는 그 모습이 바로 하나님의 마음을 감동시키는 믿음의 기도였다.

> "주님, 우리도 오래된 프라이팬처럼 평범하지만 주님 손에 붙들릴 때 빛나는 귀한 그릇이 되게 하소서."

주님이 보내주신 천사 같은 동역자

> "천사를 부려 네 모든 길에서 너를 지키게 하심이라."(시 91:11)

얼마 전 치과 의사로부터 넘어져서 금방 빠진 이는 그 자리에 꽂으면 다시 붙는다는 말을 처음 들었다. 그런데 죽도 구 사모는 이미 20년 전 이 사실을 알았단다. 축복이가 넘어져서 이가 빠졌을 때, 빠진 자리에 꽂아놓았더니 다시 붙었다고 한다. 지금 축복이 앞니는 심지를 제대로 박지 못해 엉뚱하게 자리잡아 씹지는 못하지만, 어쨌든 빠졌다가 붙은 이다. 축복이는 아파도 눈을 감고 조용히 있으니 어디가 아픈지 알 수 없다. 그러나 이가 모두 흔들리자 이가 아픈 것이 아닌가 생각했다. 하지만 돈이 없어 치료를 받을 수 없을 때, 김 집사가 아는 치과 의사가 있다고 하여 치료가 시작되었다. 일반 병원에서는 말 못하는 장애인을 자세히 볼 수 없다고 해서, 장애인 전문 치과를 소개받고 그곳에 예약을 하고 죽도로 돌아갔다.

예약 전날, 축복이는 서울로 와야 했지만 한 목사님이 김 집사에게 폐를 끼칠까 봐 보내지 않았다. 인천에 있던 김 집사는 기다려도 축복이가 오지 않자 연락했고, 아직 출발도 안 했다는 사실을 알게 되었다. 다음날 출근을 앞둔 김 집사는 밤에 직접 차를 몰고 통영으로 향했다. 배가 없어 거제도로 가서 개인 배를 타고 죽도에 들어가 축복이를 데리고 다시 밤새 운전해 서울로 올라와 치과에 데려다 주고는 곧바로 출근했다. 밤을 꼬박 새우며 헌신한 김 집사의 수고로, 축복이의 이는 고쳐졌다. 이 모든 것이 주님의 은혜였다.

김 집사는 내성적이지만 이상하리만큼 겁이 없다. 본인도 "나는 겁이 없어요."라며 웃는데, 주님께서 담대한 마음을 주신 것 같다. 그는 결혼하면 주님 사랑이 줄어들까 봐 결혼도 않겠다고 한다. 대부분의 사람들은 주님 오실 때 들림 받기를 원하지만, 김 집사는 자신은 남아서 주님께 더 충성하고 더 많은 상을 받고 싶다고 말한다. 이런 고백은 정말 처음 듣는 말이다. 김 집사는 다니는 회사의 사장과 동료들을 위해서도 열심히 기도하는 좋은 친구다. 주님께서 김 집사를 얼마나 사랑하실까 생각해 본다. 그는 내가 가는 곳마다 따라다녔고, 유기농하러 러시아도 벌써 두 번이나 다녀왔다. 나에게 다음은 아프리카로 꼭 함께 가자고 한다. 나는 평범하고 보잘것없지만, 주님께서는 나에게 사람 모습으로 온 놀라운 천사들을 보내주셨다. 내가 모자라니, 특별한 천사들을 보내주셔야 했을 것이라 생각된다.

> "주님, 축복이를 위해 밤새운 걸음 마다 않는 천사 같은 동역자 김 집사를 보내주시고, 주님 나라를 향해 함께 달려가게 하시니 감사합니다."

하늘에 쌓는 박보영 목사님 예물

> "네 보물이 있는 그 곳에는 네 마음도 있느니라."(마 6:21)

얼마 전 박 목사님께서 식사를 하자고 부르셨고, 식사 중 큰돈을 건네시며 "귀한 곳에 써 달라."고 하셨다. 목사님은 마음 놓고 쓰라고 하셨지만, 나는 책임감이 들어 매일 기도 중이다. 큰 예물을 주신 목사님께 풍성한 복과 은혜를 베풀어 주시기를 기도하고, 이 예물이 주님이 기뻐하시고 받는 이들도 감사하며 아름답게 쓰여지도록 기도한다.

유부도 갈릴리 교회 김 목사님께서 기도하다 답답한 마음에 전화하셨다. 은퇴할 날이 다가오지만 계획도 준비도 없다며 한숨을 쉬신다. 교인 몇 명 있는 작은 섬 교회에서 무엇을 할 수 있을까? 하지만 섬들을 다니며 깨달은 것은, 주님께서 이분들을 얼마나 기뻐하고 사랑하시는지 알게 되었다. 섬에 무슨 명예와 자랑이 있겠는가? 전도해 봐야 노인 몇 십 명. 그마저도 성씨 같은 사람들끼리 서로 교회 다닌다고 따돌리고, 기존 신자들도 새사람이 오면 왜 왔냐고 묻는다. 전도는 커녕 온 사람도 막는 분위기다. 거기다 대부분 미신을 믿어서, 예고 없는 풍랑이 닥치면 제사를 지내며 서로의 안녕을 빌어야 했다. 누군가를 의지해야 했던 그 사람들, 이들이 예수님을 일찍 알았더라면 얼마나 좋았을까. 이런 곳에서 목회한다는 것이 얼마나 외롭고 힘든지 주님도 아실 것이다. 박 목사님은 주님께서 지혜를 주신 것이 분명하다. 그렇지 않고서야 주님이 사랑하는 종들에게 이렇게 아름다운 마음을 나눌 수 있으실까?

> "주님, 귀한 예물을 맡기신 박 목사님을 기억하시고 그의 손길 위에 하늘의 복을 더하여 주소서. 또한 섬 목회자들의 눈물을 닦아 주시고, 그들의 수고가 하늘 창고에 쌓이는 영광으로 드러나게 하옵소서."

죽음의 문턱서 살아난 박금자 권사님

> "예수께서 이르시되 나는 부활이요 생명이니 나를 믿는 자는 죽어도 살겠고."(요 11:25)

꼬르사꼬프 교회에서 통역을 맡고 계신 박금자 권사님은, 24년 전 김영원 선교사님이 처음 이곳에 오셨을 때 교인이 아니셨다. 선교사님은 박 권사님 오빠를 만나 교회에 나오라고 권면했는데, 그는 "나중에 나오겠다."고만 했다. 그런데 어느 날 밤, 다급하게 누가 문을 두드려 선교사님이 문을 열어보니 박 권사님 오빠였다. "목사님, 제 동생 좀 살려주세요! 동생이 죽게 생겼어요, 의사도 희망이 없다고 해요." 목사님은 급히 그의 집으로 달려가 보니, 그곳에는 죽은 듯 누워있는 박 권사님과 곁에서 지켜보는 몇 명의 여인들이 있었다. 선교사님은 먼저 옆방으로 들어가 무릎 꿇고 이 집에 주님의 구원이 이루어지게 해달라고 기도하였다. 이후 죽은 듯 누워 있는 권사님 머리에 손을 얹고 기도한 후 옆방으로 나와 계셨다. 그때 갑자기 문이 열리며 누군가 차를 들고 들어왔는데, 그분은 다름 아닌 박 권사님이었다. 모두 놀라 어떻게 된 일이냐고 묻자, 권사님은 "목사님이 문을 열고 들어오시는 순간, 시뻘건 불덩어리가 함께 들어오더니 제 가슴속으로 들어온 후 제가 일어날 수 있었어요."라고 고백했다. 그날 이후 권사님은 완전히 회복되어, 지금은 새벽기도마다 가장 앞자리에 딸과 함께 앉아 말씀을 사모하며 기도하고 있다. 당시 곁에서 있던 친구들 또한 지금은 권사님과 새벽기도에 동참하는 귀한 동역자가 되었다. 주님께 충성하는 선교사님을 기뻐하신 주님은, 죽음의 문턱에 있던 이를 살리고 그 가정을 구원으로 이끄셨다.

> "주님, 주님의 크신 은혜를 찬양합니다. 이 간증을 읽고 듣는 자마다 죽음에서 생명을 일으키신 부활과 생명의 주님을, 더욱 의지하고 주님의 권능을 신뢰하게 하옵소서."

📖 부활의 소망을 붙잡고

> "예수께서 이르시되 나는 부활이요 생명이니 나를 믿는 자는 죽어도 살겠고, 무릇 살아서 나를 믿는 자는 영원히 죽지 아니하리니 이것을 네가 믿느냐."(요 11:25-26)

오늘은 버스를 타고 멀리 광주 복음교회로 향하고 있다. 조 목사님 사모님께서 지난 부활절 전날 소천 하셨다는 소식을, 미국에 있을 때 박 목사님을 통해 전해 들었다. 그때 박 목사님께서 안타까운 마음으로 "반드시 들러 위로와 인사를 드리라."고 하셨고, 그 말씀을 품고 오늘 광주로 가게 된 것이다. 향유간사에게

조 목사님께서 어떻게 지내시는지 물었더니, 매사 감사하며 기쁜 마음으로 지내신다는 그 말에 고마워 감사 기도를 드렸다. 나 역시 지난해인 2024년 10월 10일, 사랑하는 아내를 하늘나라로 먼저 보냈다. 하지만 나도 감사하고 기쁜 마음으로 하루하루를 살아가고 있다. 믿는 자들의 죽음은 분명 세상 사람들과는 다르다. 이 땅에서의 이별은 아프고 눈물 나지만, 부활의 소망과 영생의 믿음이 있기에, 슬픔을 넘는 평안과 감사가 마음에 임하게 된다. 주님 안에 있는 자들의 죽음은 끝이 아니라 새로운 시작임을 믿으며, 오늘 이 길을 믿음과 위로의 여정으로 삼아 걷고 있다.

> "주님, 부활의 소망으로 오늘도 저희를 우리를 붙드사 슬픔 가운데도 감사와 기쁨을 잃지 않게 하소서."

보길도 동광교회 변상호 목사님

> "예수께서 한 배에 오르시니 그 배는 시몬의 배라. 육지에서 조금 떼기를 청하시고 앉으사 배에서 무리를 가르치시더니."(눅 5:3)

오늘은 섬으로 가는 날, 광주 복음교회에 들러 조 목사님을 뵙고 그곳에서 하루 밤을 지낸 후 흑일도로 가기로 했다. 광주에서 박 목사님이 특별히 사랑하는 목사님이신 정택윤 선교사님을 만나 함께 흑일도로 향했다. 20년 전 박 목사님 댁에서 처음 만난 정 선교사님은 케냐에서 8년 선교하셨고, 지금은 박 목사님과 함께 사역 중이다. 해남에 도착하니 최 전도사님과 정 집사님이 기다리고 계셨고, 함께 점심을 하러 갔더니 교회 증축을 돕기 위해 내려오신 서 장로님과 전 목사님도 와 계셨다. 오랜만에 가본 마을은 예전과 달리 많이 달라 보였다. 반가운

손님이 와서 내린 비인지, 아니면 주님께서 기뻐하셔서 내리신 은혜의 비였는지 종일 비가 내렸다. 누군가는 비 오는 날을 '공치는 날'이라 말하지만, 주님 안에서는 헛된 날이 없음을 믿었다.

다음 날 아침, 언제 비가 왔냐는 듯 날씨는 맑고 상쾌하였다. 최 전도사님, 정 선교사님과 함께 배를 타고 땅끝마을로 나가 배를 갈아타고 노화도로 향했다. 이번 길은 보길도 동광교회 변상호 목사님을 찾아 뵙기 위한 여정이다. 지난번에 주님의 선물을 전해드렸기에 이번에는 직접 뵙고 교제를 나누려는 것이다. 배에서 내리니 사모님께서 차를 가지고 마중 나오셔서 한참을 달리니, 아름다운 풍경 속에 작은 동광교회가 나타났다. 교회 안에 들어가 감사 기도를 드리고 눈을 드니, 강대상 위에 조그마한 배가 놓여 있었다. 반쪽 크기의 작은 배였지만, 주님께서 갈릴리 호수에서 배 위에 앉아 제자들을 가르치시던 장면이 떠올라 마음이 따뜻해졌다. 변 목사님 부부는 캐나다에서 20년간 목회를 하며 교인 백 명이 넘는 안정된 교회를 섬기고 계셨다. 하지만 이대로 편안히 사역하다 주님께 가면 안 될 것 같다는 사모님 한마디에, 바로 그 다음 주 사표를 내고 이 험한 땅끝마을 보길도로 오셨다. 두 분은 이곳에서 헌 집 하나를 사서 교회를 세우고, 노인 분들을 전도하며 복음을 전하고 계신다. 변 목사님은 서울에서 '새롭게 하소서' 프로그램 출연을 마치고 새벽버스를 타고 내려오신다 하니 감사하게도 뵐 수 있게 되었다. 사모님께서 정성껏 준비해 주신 식사를 나누며 교제한 뒤, 주변 교회들을 둘러보았다. 먼저 예송교회를 방문했다. 예송교회는 최 전도사님과 정 목사님이 함께 세운 일곱 교회 중 하나로, 차 안에서 최 전도사님은 예송교회 설립 당시의 간증을 들려주셨다. 그때 정 목사님은 서울에서 내려온 기도의 다섯 용사들과 함께 보길도에서 기도 중이었는데, 한 할머니가 눈물 범벅이 되어 달려와 외쳤다. "목사 선생님, 우리 손자가 지난밤에 죽었어라. 서울서 오신 선생님, 우리 손자 좀 살려주소!" 그 말을 듣고 기도의 용사들이 간절히 기도했더니, 놀랍게도 죽었던 아이가 살아났다. 할머니는 감사하며 자신의 밭을 내주었고,

그 땅에 교회가 세워지게 되었다는 참으로 살아 있는 간증이었다. 이어 두 분이 함께 세운, 현재 노화도에서 가장 큰 교회인 노화교회를 방문하고 땅끝마을로 돌아오는 배에 올랐다.

> "주여, 동광교회와 변상호 목사님, 사모님을 축복하시고, 노화도 어르신들이 노년에 예수님을 믿고 충성하다가 천국 백성이 되게 하여 주시옵소서."

동광교회 정정순 할머니

> "한 영혼이 회개하면 하나님의 천사들 앞에 기쁨이 되느니라"(눅 15:10)

자주 나오던 기침이 오늘은 유난히 더 나오고, 조금만 걸어도 허리와 무릎이 아파온다. 몸의 모든 곳이 성한 데 없이 아프니, 이제 섬의 이곳 저곳을 다니는 사역을 주님께서 언제까지 허락하실지 알 수 없다. 그러나 여전히 움직일 수 있는 몸을 주셨으니, 주님이 기뻐하시는 일이라면 해야겠다는 마음뿐이다. 남은 삶 열심히 일하다 주님께 가야지, 아프다고 허송세월만 보내다 주님 앞에 서던 무어라 변명할 수 있을까?

오늘은 흑일도에서 30분 정도 떨어진 노화도 옆 보길도라는 섬으로 향한다. 그곳엔 특별한 이야기가 담긴 동광교회가 있다.

변 목사님 부부는 캐나다에서 20년간 목회를 하며 교인 백 명이 넘는 안정된 교회를 섬기고 계셨다. 하지만, "이대로 편안히 사역하다 주님께 가면 안 될 것 같다"는 사모님 한마디에, 바로 그 다음 주 사표를 내고 가장 험한 땅끝마을 보길도로 오셨다. 두 분은 그곳에서 헌 집 하나를 사서 교회를 세우고, 노인분들을 전도하며 복음을 전하고 계신다.

변 목사님의 전도 방식은 참 독특하다. 젊은 시절 자동차 정비를 하셨기에, 노인들이 사용하는 전기기계며 고장 난 기구들을 손쉽게 고쳐주시니 기계에 약한 시골 노인들에게는 더 없는 도움이 된다. 그때 전도를 하신다. 이 섬의 '왕 언니'로 불리는 93세 정정순 할머니는 병약한 몸으로 자주 넘어지고 다치며, 고생을 많이 하셨다. 목사님은 할머니를 방문해 방마다 손잡이를 설치해주고, 천장에는 줄을 달아 혼자서도 일어설 수 있도록 해드렸다. 그러면서도 말씀하신다. "할머니, 이거 해드렸다고 교회 나오지 마세요. 나도 부담돼요." 그러자 할머니가 웃으며 답하신다. "아이고 목사님, 속으로 그 걱정했당께. 만들어줘서 고맙긴 한데, 교회 나오라 하면 어쩌나 걱정했지라. 이제 마음이 놓이는구마." 이후에도 몇 번 더 집안 일을 도와드리자, 어느 날 할머니가 말씀하신다. "목사님, 이제 나도 교회 가야 쓰것쏘." 목사님은 여전히 "할머니, 이것 때문에 교회 오시면 안 돼요" 하셨지만, 할머니는 결국 양심에 걸린다며 "꼭 나가야 쓰것쏘" 하시고, 교회에 나오기 시작하셨다. 교회에 나오신 후 예수님을 알고, 주님께서 얼마나 자신을 사랑하시는지를 알게 된 할머니는 어느 날 물으신다. "목사님, 교회에서 좋은 말씀도 듣고, 맛있는 점심도 먹고 오는디, 뭘 좀 드려야 할 것 같은디 워쩌면 쓰갓쏘?"

목사님이 주님께 헌금 드리는 것에 대해 알려드리자, 그 다음 주부터 매주 5만 원을 헌금하기 시작하셨다. 목사님은 걱정되었다. 혹여 동네에서 "목사가 나라에서 주는 돈 다 뺏어간다."는 오해가 생길까 염려하며 말렸으나 할머니는 기쁘게 말씀하신다.

"목사님, 나는 매주일 헌금 드리는 날만 기다리고 있쏘. 워찌이리 기쁜지 모르겠구만."

그런데 더 큰 문제가 생겼다. 정 할머니가 매주 돌아다니며 다른 할머니들의 헌금을 체크하기 시작하신 것이다. 만 원 이상은 지나가지만, 만 원 미만이면 이렇게 말씀하신다.

"야! 너그가 식당 가서 쳐묵어도 만 오천 원은 내야 할 것 아니냐? 사모님이 만든 이렇게 맛있는 것을 쳐묵고 2천 원이 뭐다냐?" 그리하여 그 다음부터는 모든 교인들이 만 원 이상 헌금을 드리게 되었고, 정 할머니는 '헌금 규율부장'이 되셨다. 이처럼 천하보다 귀한 한 생명이 주님께 돌아와 기쁨으로 헌금하고, 복음을 위해 다른 영혼들을 독려하게 된 것이다. 주님께서 그 기쁨을 할머니에게 알게 해주셨고, 보길도를 사랑하셔서 주님 만날 날 얼마 남지 않은 노인들에게도 천국의 소망을 품게 하셨다.

> "주님, 보길도의 정 할머니와 같이 마지막 날까지 복음 안에 기쁨을 누리게 하시고, 작은 섬 구석구석마다 천하보다 귀한 영혼들이 주께 돌아오게 하소서."

흑일도 교회 짓기

> "여호와께서 집을 세우지 아니하시면 세우는 자의 수고가 헛되며 여호와께서 성을 지키지 아니하시면 파수꾼의 깨어 있음이 허사로다."(시 127:1)

오늘은 섬 여행을 마치고 통영으로 돌아가는 날, 집 떠난 지 일주일도 채 안 되었건만 여러 섬을 아픈 몸을 이끌고 다닌 탓인지 오랜 여정처럼 느껴진다. 어제는 보길도 사역을 마쳤지만, 변 목사님 건강이 좋지 않아 흑일도로 돌아가 하룻밤을 머물게 되었다. 배를 두 번 갈아타고 흑일도에 도착하니, 최 전도사님이 웃으며 반겨주신다.

"새벽 기도 중에 '박 선교사님이 통영으로 가셨습니다.'라고 주님께 아뢰니,

주님께서 '오늘 4시 배로 다시 들어올 것이다'라고 하셔서 잘 믿어지진 않았지만, 주님 말씀이니 하고 기다리고 있었지요."

주님은 모든 것을 아시고, 때로는 웃음마저 주시는 재미있는 분이시다.

전도사님이 교회 건물 증축하게 된 사연을 들려주신다. 주님께서 계속 교회를 짓도록 마음을 주시는데, 전도사님은 "주님, 무엇으로 짓습니까? 살아가기도 힘든데요." 그러자 주님께서 "네가 짓는 것이냐? 내가 짓는 것이지."라고 하시니 그저 기도만 열심히 할 뿐이었다.

얼마 후, 큰 병원 이사장 딸이 약사들과의 리베이트 문제로 어머니 병원이 모델 케이스가 되어 어머니가 청송 교도소에 들어갔다고 울먹이며 전화를 했다. 재판에서 2년 형이 선고되었다니, 할 수 있는 일은 오직 기도뿐, 그때부터 최 전도사님 기도가 시작되었다. 한참 기도 중에 "결정된 형량은 어찌할 수 없지만, 기간은 줄여주겠다."는 주님께서 주시는 마음의 음성을 듣고 전도사님은 청송 교도소에 편지를 보내 이 말씀을 전했다. 실제로 형량이 줄어들어 출소한 이사장의 연락이 와서, 지금 무엇을 하고 있는지 물었고 교회를 짓는 중이라고 했더니 "2천만 원 보내드릴게 시작하세요."라고 하셨다. 그렇게 시작된 공사는, 결국 주님의 인도하심으로 1억 원 가까운 지원을 받고 교회가 완성되었다. 지혜가 무궁하시며 능치 못하심이 없으신 주님은, 언제나 생각지도 못한 곳에서 도움의 손길을 보내주시고 하라고 하신 일을 스스로 이루신다.

> "주님, 주님께서 세우시는 집은 무너지지 않으며, 시작하신 일은 반드시 완성하시는 전능하신 주님을 찬양합니다."

탄자니아 침례식 준비를 위해 기도하는 목자들

제 7 부
천국을 사모하게 하소서

하나님을 사랑하고
두려워해야 하는 이유

천국과 지옥은 있다

회개는 하나님의 명령

용서는 천국을 여는 문

용서와 나눔은 천국으로 가는 길

주님이 맡기신 사명

말씀은 천국으로 가는 길

흑일도를 지킨 여종 최경숙 전도사

병상에서 깨달은 천국 비밀

말씀의 씨앗을 뿌리며

제 7 부
천국을 사모하게 하소서

📖 하나님을 사랑하고 두려워해야 하는 이유

> "오직 너희는 몸을 죽이고… 오직 지옥에 던져넣는 권세 있는 그를 두려워하라"(눅 12: 4-5)

왜 우리는 하나님을 사랑하고 존귀히 여기며, 두려워해야 하는가? 그분은 우리를 천국과 지옥, 곧 영원의 갈림길로 보내실 수 있는 분이시기 때문이다. 천국은 우리가 상상하는 것보다 훨씬 더 아름답고 영원할 것이다. 반대로 지옥은 아마도 우리가 상상하는 것보다 훨씬 더 무섭고 끔찍한 곳일 것이다. 그 천국과 지옥을 선택할 수 있는 기회는, 오직 우리가 이 땅에 살고 있는 동안에만 주어진다. 그리고 그 길은 하나님께서 이미 성경을 통해 누구나 들을 수 있고 깨달을 수 있도록, 너무도 명확하고 쉽게 알려 주셨다.

사람들은 종종 하나님을 '사랑의 하나님'이라고만 말한다. 물론 하나님은 사랑이시나 그 사랑은, 우리가 이 땅에 살아 있는 동안에만 누릴 수 있는 은혜다. 우리가 이 세상을 떠나 하나님 앞에 서게 될 때, 우리는 사랑의 주님이 아닌 심판의 주님을 마주하게 된다.

사도 요한조차 계시록 1장 17절에서 주님을 만났을 때, 두려움에 엎드려 죽은 자같이 되었다. 사랑 받던 요한도 그랬다면, 과연 우리는 어떠하겠는가? 선택은 우리에게 달려 있다.

> "주님, 저희가 이 땅에서 주님의 사랑을 누리며 살게 하시되, 동시에 주님을 경외하는 마음으로 살게 하소서. 천국의 소망을 바라보며 살아가게 하시고, 심판을 두려워하여 늘 깨어 믿음 안에 서게 하옵소서."

천국과 지옥은 있다

> "한 번 죽는 것은 사람에게 정해진 것이요 그 후에는 심판이 있으리니"(히 9:27)

예수님을 믿지 않는 사람들은 천국과 지옥이 있다는 것을 믿지 않는다. 그러나 만일 천국과 지옥이 없다면, 지구상 수억 명의 크리스천들은 인생을 헛되이 사는 사람들일 것이다. 남들 다 놀러 가는 날 교회 가서 예배 드리고 말씀 듣고 시간을 보낸다. 세상 사람들 눈에는 이해되지 않는 선택처럼 보일지 모르지만, 그 의미와 진실을 깨닫고 후회하는 날이 온다. 그러나 그때는 늦는다. 기회는 다시 주어지지 않는다.

그렇기에 수많은 선교사들이 힘들고 위험한 곳으로 복음 들고 나가는 것이다. 단지 착하게 살라는 것이 아니라, 영혼을 지옥에서 건져내기 위한 하나님 부르심에 순종하는 것이다. 지옥이 어떤 곳인지 알기에 선교사들은 포기하지 않고 간다. 그 모든 사실은 하나님께서 성경을 통해 우리에게 분명히 말씀하셨다.

우리가 살고 있는 이 마지막 시대에 반드시 해야 할 일이 있다. 하나님 말씀을 붙들고 말씀 안에서 자신을 돌아보며 회개하는 일이다. 특별히 마태복음 5장 6장, 7장과 요한복음 14장을, 매일 시간이 날 때마다 그 말씀이 마음 깊이 새겨지도록 반복해서 읽기 바란다. 이 말씀들은 우리 믿음을 견고히 하고 천국으로 가는 길을 비추어 줄 것이다. 이 말씀을 통해 우리는 남을 이해하게 되고 용서할 수 있는 마음을 갖게 되며, 자신의 죄를 회개할 수 있는 은혜도 누리게 될 것이다.

> "주님, 저희에게 회개의 영을 부어 주시고, 세상의 헛된 것에 미혹되지 않고 천국 소망을 굳게 붙들게 하소서."

회개는 하나님의 명령

> "너희는 스스로 조심하라 그렇지 않으면 방탕함과 술 취함과 생활의 염려로 마음이 둔하여지고 뜻밖에 그 날이 덫과 같이 너희에게 임하리라."(눅 21:34)

나는 매일 매일 요한복음 1장 1절, 요한복음 14장, 그리고 마태복음 5~7장을 묵상하고 마음에 새긴다. 그러다보면 말씀이 실제로 이루어지는 체험을 하고 순종할 힘이 생겨 회개하게 된다. 마지막 때가 가까울수록 교묘하게 포장되고 그럴듯한 말과 기적들로 이루어진, 많은 미혹이 난무한다. "거짓 그리스도들과 거짓 선지자들이 일어나 큰 표적과 기사를 보여줄 수만 있으면 택하신 자들도 미혹하리라."(마 24:24) 성령님은 이러한 미혹을 분별하게 하시고, 말씀으로 우리를 보호해 주신다. 회개는 천국에 들어가기 위한 필수 조건으로 예수님은 말씀하셨다. "회개하라, 천국이 가까이 왔느니라."(마 4:17) "나더러 주여 주여 하는 자마다 다 천국에 들어갈 것이 아니요, 다만 하늘에 계신 내 아버지의 뜻대로 행하는 자라야 들어가리라."(마 7:21) 회개는 선택이 아닌 하나님의 명령이며, 천국을 여는 열쇠다. 그러므로 나는 오늘도 마지막 때에 흔들리지 않고 말씀 안에 굳게 설 수 있게 해달라고 기도하며 매일 결단한다.

> "주님, 회개의 영을 부어 주셔서, 천국 소망을 잃지 않고 깨어 준비하게 하소서."

용서는 천국을 여는 문

> "서로 인자하게 하며 불쌍히 여기며 서로 용서하기를 하나님이 그리스도 안에서 너희를 용서하심 같이 하라."(엡 4:32)

주님은 마태복음 4장 17절에서 "회개하라 천국이 가까이 왔느니라." 고 말씀하시며 우리가 회개하길 원하신다. 회개하여 우리가 지은 죄를 주님께 용서받아야만 비로소 우리는 깨끗하게 되어 천국에 들어갈 수 있기 때문이다. 그런데 회개의 삶을 살다 보면 한 가지 고민에 부딪히게 된다. '회개해야 할 죄가 떠오르지 않는다.'는 것이다.

우리는 얼마나 많은 죄를 짓고 살아왔는가? 그러나 정작 회개하려고 하면 떠오르는 죄가 별로 없다는 생각이 들 때가 많다. 그만큼 우리 양심이 무뎌지고, 죄에 둔감해져 있다는 증거일 것이다. 그런 우리를 위해 주님께서는 또 하나의 길을 가르쳐 주셨다. 바로 '남을 용서하는 것'이다. 마태복음 6장 14절과 15절에서 주님은 분명히 말씀하신다. "너희가 사람의 잘못을 용서하면, 너희 하늘 아버지께서도 너희를 용서하시리라."

회개는 우리가 주님께 드리는 것이고, 용서는 주님께서 우리에게 주시는 은혜다. 그러나 남의 과실을 용서하는 것은 내가 해야 할 일이다. 내가 누군가를 진심으로 용서할 때, 주님은 나의 허물도 깨끗이 씻어주시고, 나를 용서해 주시겠다고 약속하셨다. 그렇다면 주님께 용서받고 깨끗해져서 천국에 갈 수 있는 길이 여기 있지 않겠는가? 물론 용서는 쉬운 일이 아니다. 때로는 상처가 깊어 도저히 용서 할 수 없는 일도 있지만, 그럼에도 불구하고 용서하라는 주님의 명령은 분명한 천국을 향한 문이기도 하다. 성령님의 도우심 없이는 할 수 없는 일인 동시에 내가 결단해야 할 일이다. 천국에 들어가는 길이라면, 무엇인들 못하겠는가?

> "주님, 우리 마음속 미움과 상처를 십자가 앞에 내려놓고, 성령님께서 주시는 힘으로 남을 용서하게 하소서."

용서와 나눔은 천국으로 가는 길

> "오직 선을 행함과 서로 나누어 주기를 잊지 말라. 이 같은 제사는 하나님이 기뻐하시느니라."(히 13:16)

우리는 하나님을 믿는다고 하면서도 말씀은 온전히 따르지 않는다. 주님께서는 분명히 죄가 있는 채로는 천국에 들어갈 수 없으니 회개하라고 하신다. 그러나 연약한 우리는 시간이 지나면 다시 죄를 짓고, 그 죄들을 모두 기억해 회개하는 것도 쉽지 않다. 그렇다면 어떻게 해야 주님의 용서를 받을 수 있을까? 주님께서 알려주신 또 하나의 길은 '남을 용서하는 것'이다. 마태복음 6장 14~15절에서 주님은 이렇게 말씀하신다. "너희가 사람의 과실을 용서하면, 너희 하늘 아버지께서도 너희를 용서하시리라." 마태복음 6장 12절에서도 "우리가 우리에게 죄 지은 자를 사하여 준 것 같이, 우리 죄도 사하여 주옵소서"라고 기도하게 하셨다. 그러므로 우리가 이 땅에 사는 동안 해야 할 일은 남을 용서하고, 나누며 살아가는 것이다. 히브리서 13장 16절 말씀도 우리에게 "오직 선을 행하고, 나누어 주기를 잊지 말라. 이 같은 제사는 하나님이 기뻐하시느니라." 이렇게 권면하신다.

나누며 살아가는 것이 바로 하나님이 기뻐하시는 삶이며, 천국에 들어갈 수 있는 길이다. 러시아 병원에 입원해 있을 때, 어느 날 병원에서 조그만 나눔의 기회가 있었다. 함께 있던 집사님들이 가져온 주스를 무뚝뚝하고 인상 쓰던 간호사에게 드렸더니 놀랍게도 간호사 얼굴 표정이 달라지고 말투도 부드러워졌다. 아프면 주사도 놔주겠다고 하며, 고려인 통역까지 친절히 불러와 도와주었다. 나누는 것은 참 좋은 일로, 그래서 주님은 우리에게 나누라고 하시는 것 같다. 이것이 주님께서 내게 지난 주일에 성도들에게 전하라고 했던 말씀이다. 다음에는 어떻게 그렇게 살아갈 수 있는지를 전해야겠다.

> "주님, 용서와 나눔의 삶이 천국을 향한 길임을 알게 하시니 감사합니다. 선을 행하며 나누는 삶을 살게 하소서."

주님이 맡기신 사명

> "시험 당할 즈음에 또한 피할 길을 내사 너희로 능히 감당하게 하시느니라."(고전 10:13)

대구에 사는 한 착한 여자 집사님이 계셨다. 결혼 후 아이를 낳았는데, 첫 아이는 장애를 가지고 태어났다. 힘들었지만 주님이 주신 선물이라 여기며 사랑으로 정성껏 아이를 길렀고, 얼마 후 둘째를 낳았다. 첫째가 장애이니 둘째는 아닐 거라 기대했지만, 둘째도 장애를 가지고 태어났다. 집사님은 낙심해 주님께 하소연도 했지만, 그래도 감사하는 마음으로 두 아이를 열심히 키웠다. 세월이 흘러 셋째 아이를 갖게 되었다. 부부 모두 건강하니 이번에는 반드시 건강한 아기일 것이라 확신했으나, 안타깝게도 셋째도 장애를 가지고 태어났다. 집사님은 주님을 원망하며 울부짖었다. "주님, 제가 무엇을 잘못했습니까?" 한참을 눈물로 기도하던 중, 주님 음성이 들려왔다. "내 딸아, 너를 힘들게 해서 미안하구나. 내가 장애아를 세상에 보내야 했는데, 아무리 찾아봐도 보낼 곳이 없어서 네게 보냈단다. 너는 이 아이를 잘 키워 줄 것을 내가 알기 때문이다. 둘째도 미안하지만 너를 믿고 또 네게 보냈단다. 셋째는 정말 네게 보내고 싶지 않아 많이 찾았는데 미안하지만 또 너밖에 없었단다. 하지만 기억해라. 내가 장애아들을 세상에 보내는 이유는 그들을 잘 돌보아 준 사람들에게, 천국에 왔을 때 큰 상을 주기 위함이란다. 이 세상은 잠깐이니 조금만 참고, 내가 네게 맡긴 아이들을 잘 돌보다 천국에 오너라." 집사님은 눈물 속에 고백했다. "할렐루야! 주님, 감사합니다."

> "주님, 감당하기 힘든 일 같아도 주님이 맡기신 사명임을 깨닫게 하시니 감사합니다. 맡겨주신 일들을 끝까지 잘 감당하여, 천국에서 큰 상을 받게 하소서."

📖 말씀은 천국으로 가는 길

> "오직 그 말씀이 네게 심히 가까워서 네 입에 있으며 네 마음에 있은즉 네가 이를 행할 수 있느니라."(신 30:14)

김현범 집사님 거실 벽에 붙어 있는 데살로니가 전서 5장 16~18절 말씀 "항상 기뻐하라, 쉬지 말고 기도하라, 범사에 감사하라"는 구절이 내 마음에 깊이 새겨진 이유는, 마태복음 7장 21절 말씀과 "하나님의 뜻"이라는 말씀이 겹쳐지기 때문이다. 그래서 나는 더욱 우리가 이 말씀대로 산다면 그것이 곧 '하나님의 뜻'을 이루는 삶이요, '천국에 들어가는 길'이 되는 주님께서 주신 약속임을 깨닫게 되었다.

'어떻게 하면 이 말씀대로 살 수 있을까?' 묵상하던 중, 신명기 30장 14절 말씀이 떠올랐다. "오직 그 말씀이 네게 심히 가까워서 네 입에 있으며 네 마음에 있은즉 네가 이를 행할 수 있느니라." 또 신명기 6장 8-9절의 "이 말씀을 네 손목에 매어 기호를 삼으며, 네 미간에 붙여 표를 삼고, 또 네 집 문설주와 바깥 문에 기록할지니라"라는 말씀처럼, 말씀을 주야로 묵상하는 것이 곧 순종의 출발임을 알게 되었다.

여호수아 1장 8절에서도 "주야로 말씀을 묵상하는 자가 복이 있고, 그 모든 길이 평탄하며 형통하다"고 약속하셨다. 그러나 마태복음 15장 19절에는 "마음에서 나오는 것은 악한 생각과 살인과 간음과 음란과 도적질과 거짓 증거와 비방이니"라고 말씀하신다. 우리는 하루에도 수없이 악한 생각을 한다. 그러나 이럴 때 악한 생각 대신 말씀을 입술로 중얼거리면, 악한 생각들이 조용히 사라지는 것을 경험하게 된다.

누가복음 17장에서 예수님께서 10명의 나병환자를 고쳐주셨을 때, 그 중 한 명이 돌아와 감사드리자 주님은 그에게 말씀하셨다. "네 믿음이 너를 구원하였느니라." 또 시편 50편 23절에서는 "감사로 제사드리는 자가 나를 영화롭게 하나니"라고 말씀하셨다. 감사하는 것이 주님을 영화롭게 하는 귀하고 영광스러운 예배임을 알게 된다. 그리고 마태복음 5장 19절에서는 "이 계명 중 지극히 작은 것 하나라도 버리고 가르치지 아니하는 자는 천국에서 지극히 작다 일컬음을 받을 것이요, 지켜 행하며 가르치는 자는 천국에서 크다 일컬음을 받으리라."라고 약속하셨다. 우리가 말씀대로 살고, 또 그 말씀을 다른 이들에게 가르칠 때, 주님은 우리를 천국에서 큰 자라 일컬어 주실 것이다.

> "주님, 주님 말씀이 우리 마음에 늘 가까이 있어 주야로 묵상하며, 말씀대로 살아가는 복된 자들이 되게 하소서."

흑일도를 지킨 여종 최경숙 전도사

> "네가 죽도록 충성하라 그리하면 내가 생명의 면류관을 네게 주리라."(계 2:10)

흑일도에 도착하니 정 집사님이 반갑게 맞아주셨다. 정태무 집사님은 나와 인연이 깊은 분이다. 6년 전쯤 러시아 블라디보스토크에서 두 시간 떨어진 '하롤'이라는 곳, 김영원 선교사님이 섬기는 교회에서 처음 만났다. 당시 그는 별다른 계획 없이 남은 삶을 봉사하며 살고 싶다고 했다. 그래서 내가 흑일도에 계신 최경숙 전도사님 이야기를 꺼냈다. 혼자서 외롭게 사역하시는 분이니, 함께 가서 도와드리라고 권한 것이다. 그로부터 얼마 지나지 않아 그는 흑일도에 들어와 벌써 5년째 최 전도사님과 함께 사랑이 넘치는 교회를 섬기고 있다.

이번에도 내가 흑일도에 도착하자 두 분은 주일 아침 식사를 정성껏 준비하고 반갑게 맞아주셨다. 한참 만에 마주한 따뜻한 얼굴들이다. 식사 후 함께 예배를 드리러 교회로 올라갔지만 우리 셋 외에는 아무도 없었다. 지난번엔 교인 한 분이 있었는데, 그분의 딸이 신천지에 들어간 이후로 신천지 사람들이 이곳까지 다녀간 후부터는 그마저도 예배에 나오지 않는다고 하셨다. 그날 최 전도사님은 설교 도중 이렇게 말씀하셨다. "주님, 이 섬사람들이 예전에는 가난해서 교회에 잘 나오더니, 지금은 돈을 벌고 나니 아무도 오질 않아요. 화토 치고 모이는 이곳이 주님 예배드리는 곳이 되게 해달라고 기도했는데도 아무도 안 나와요." 그때 주님께서 교회에 보내는 일은 내가 할 일이니 기도하라고 하셨단다. 그래서 전도사님은 아침, 저녁으로 예배 드리고, 밤새워 기도드리며, 밤이든 낮이든 주님께 기도로 아뢰고 있다. 내가 만난 섬 사역자 중에 이토록 오래, 한 섬을 지킨 분은 처음이다. 육지에서 5년, 섬에서 40년, 총 45년의 사역을 이어온 최 전도사님의 이야기를 들으면서 나도 모르게 몇 번이나 깊은 한숨을 내쉬었다. 어머니는 일찍 돌아가셨고, 아버지는 홀로 여섯 남매를 키우셨다. 18세에 폐병에 걸려

몸무게가 30kg밖에 안 되자, 아버지는 죽는 줄만 알고 기도원 십자가를 보고 그곳에 가면 병이 나을 수 있다는 소문을 듣고 기도원에 들어가게 했다. 거기서 12년을 지낸 후, 기도원 원장님의 소개로 소아마비로 몸이 불편한 정 목사님과 결혼하고, 기도원을 나와 2명 교인뿐인 장흥교회에서 강도사로 사역을 시작했다. 사택은 단칸방으로 겨울에도 여름옷을 입고 살며, 산모가 된 아내가 그렇게 먹고 싶어 했던 짜장면을 몇 주 기다려 겨우 한 그릇 시켜 남편과 나눠먹던 시절이었다.

정 목사님은 평생 사람들이 잘 가지 않는 섬 교회만을 섬기다 천국에 가셨다. 어느 날, 두 분이 함께 배를 타고 가려던 중 정 목사님이 갑자기 쓰러지셨다. 최 전도사님은 "주님, 이 사람 지금 데려가시면 저는 어떻게 해요?"라고 부르짖었고, 주님께서는 "내 사랑하는 종은 이 땅에서 사명을 다하였다."라고 말씀하셨다고 한다. 그렇게 정 목사님은 주님의 부르심을 받으셨고, 최 전도사님 혼자 흑일도 사랑이 넘치는 교회를 지키고 계신다.

나는 정 목사님을 뵙지 못했지만, 그의 삶을 기억하는 섬 사람들은 "정 목사님은 정말 예수님 같은 분이었다."라고 증언한다. 이 땅의 삶은 잠깐이요, 영원한 천국의 삶이 우리를 기다리고 있기에 실망하지 않고, 주님만 바라보며 오늘도 걸어가야 할 것이다. 할렐루야! 우리에게 천국의 소망을 주신 주님께 감사드린다.

> "주님, 충성된 여종의 삶을 통해 믿음의 본을 보여주시니 감사합니다. 우리도 주님만 의지하며 죽도록 충성하여 생명의 면류관을 받게 하소서."

병상에서 깨달은 천국 비밀

> "나더러 '주여 주여' 하는 자마다 다 천국에 들어갈 것이 아니요, 다만 하늘에 계신 내 아버지의 뜻대로 행하는 자라야 들어가리라."(마 7:21)

꼬르사꼬프 교회 집사님 댁에서 점심 식사에 초대받아 즐겁게 교제하던 중, 큰 사건을 겪게 되었다. 연어 훈제 요리가 나왔는데, 한 입 먹은 순간 예상치 못한 일이 일어났다. 한국이나 미국에서는 연어 가시를 다 제거하고 판매하지만, 러시아에서는 그대로 파는 것을 깜빡 잊은 것이다. 날카롭고 큰 가시가 목구멍에 걸렸고, '곧 괜찮아지겠지' 하고 교회로 돌아왔으나 시간이 지날수록 통증은 더욱 심해졌다.

결국 박 권사님께 연락을 드려 동네 병원으로 갔으나 치료가 어렵다고 하여, 더 큰 도시 유진 병원으로 옮기게 되었다. 금방 끝날 줄 알았는데, 병원에 입원한 지 3일째가 되어서야 의사들이 1시간 가까이 목에 줄을 넣고 사투를 벌인 끝에 큰 가시를 제거할 수 있었다. 상처가 깊어 경과를 더 지켜봐야 한다고 했지만, 덕분에 3일 동안 금식하며 주님 앞에 머물 수 있었으니 그 또한 감사할 이유였다.

첫날은 4명이 함께 쓰는 병실에 있었고, 다음 날은 5명이 있는 방으로 옮겨졌다. 그 방에는 얼굴에 문신을 한 청년도 있었고, 맞은편 침대에는 교통사고로 입원한 러시아 노인이 있었는데 그의 부인은 옆방에 머물고 있었다. 낯선 환경 속에서 묵상하던 중 '왜 이런 사고가 나에게 일어났을까?'라는 질문이 떠올랐다. 그때 주님께서 토요일 새벽에 주셨던 천국의 귀한 말씀이 생각났다. 바로 그 말씀을 주일에 전하려 했던 참이었는데, 마귀의 방해 같았다. 그러나 주님은 오히려 고통의 자리에서 마태복음 7장 21~23절의 더 깊은 천국의 비밀을 깨닫게 하셨다. "선지자 노릇하고, 귀신을 쫓아내고, 능력을 행한 자들이라도 불법을 행하는 자라 하리라." 능력과 은사들은 기도를 많이 하는 자들에게 주어지지만, 그

것들이 천국에 들어가는 조건은 아니었다. 또한 누가복음 13장 26~27절에서는 "주님과 먹고 마시며 주님께 직접 가르침을 받았다"는 사람조차 "행악하는 자들아, 내게서 떠나가라"는 말씀을 듣게 된다고 기록되어 있다. 주님과 친밀했다고, 능력을 행했다고 해서 천국에 들어가는 것이 아니었다.

결국 하나님의 뜻대로 행하는 자만이 천국에 들어갈 수 있다. 주님은 마태복음 7장 24절에서 "나의 말을 듣고 행하는 자가 지혜로운 자다"라고 분명히 말씀하셨다. 말씀을 듣고 그 말씀대로 행하는 자만이 참된 천국 백성임을 알게 되었다.

> "주님, 고통 가운데도 천국의 비밀을 깨닫게 하시니 감사합니다. 말씀을 듣는 것에 머물지 않고, 주님 뜻대로 살아가는 참된 천국 백성이 되게 하소서."

말씀의 씨앗을 뿌리며

> "너희가 진리를 알지니 진리가 너희를 자유롭게 하리라."(요 8:32)

언제부턴가 나는, 교회에 다니는 사람은 많지만 정작 주님을 참되게 '믿는' 사람은 드물다는 생각을 하게 되었다. 그래서 누구를 만나든 말씀을 권하기 시작했다. "창세기 1장 1절과 요한복음 1장 1절을 소리 내어 읽어보세요." "히브리서 13장 16절 말씀을 매일 읽으세요." 또 이렇게도 권면한다. "마태복음 5, 6, 7장, 그리고 요한복음 14장을 꼭 정독해 보세요." 나의 권면을 실제로 실천하는 이가 얼마나 될지는 알 수 없다. 그러나 나는 작은 씨앗이라도 그들 마음에 떨어져 주님의 때에 싹을 틔우기를 바라는 마음으로, 더욱 애타게 전하고 또 전한다. 말씀은 살아 있고 운동력이 있으며, 때가 되면 반드시 열매 맺게 하실 주님을 믿기 때문이다.

> "주님, 주님 말씀이 마음에 뿌리내려 열매 맺게 하시고, 생명의 길로 인도하여 주옵소서."

항상 행복해 누구든 즐겁게 하는 지나와 함께

제 8 부
측량할 수 없는 주님의 사랑

빈손에 채우신 주님의 은혜

친구들에게 전할 복음의 씨앗

길목마다 동행하신 주님의 은혜

예비하신 아파트, 예비하신 은혜

글을 쓰게 하신 주님의 계획

끝날까지 주님을 기쁘시게

말씀 위에 선 삶

헌신의 열매 김용진 목사님

주님이 보내주신 세 천사

축복이를 통한 주님의 위로

십자가 길을 걷는 죽도 사모님

하나님의 특별한 은총

여행 끝에 주신 깨달음

나눔의 열매 뽈락 선생

비를 그치게 하신 주님

말씀 붙잡고 은혜로 걸어온 12년

주님 음성에 귀 기울이며

제 8 부
측량할 수 없는 주님의 사랑

 빈손에 채우신 주님의 은혜

> "나의 하나님이 그리스도 예수 안에서 영광 가운데 그 풍성한 대로 너희 모든 쓸 것을 채우시리라."(빌 4:19)

단돈 2,000달러만 들고 한국에 들어온 지도 어느덧 8년이 되어간다. 최근 김 목사님께서 통영에서 26년간 지내시며 주님께서 베푸신 은혜를 간증하시는 말씀을 듣고, 나 또한 지난 시간들을 돌아보며 집안 구석구석을 둘러보았다. 그때마다 함께하신 주님의 은혜에 감탄하며 감사드렸다.

2020년 1월 말 러시아에서 돌아왔고, 그해 2월에 코로나가 시작되었으며 바로 그 2월 초 지금의 아파트에 입주하게 되었다. 거주지가 코로나 시기와 딱 맞물린 것도 주님의 신기한 섭리라 여겨진다. 주님께서는 나의 모든 것을 보고 계셨다. 나는 누구에게도 돈을 달라고 한 적이 없는데, 신기하게도 돈이 떨어질 때면 꼭 그때마다 채워주셨다. 그래서 이제는 돈이 떨어지면 오히려 기대하게 된다. '이번에는 주님이 어디에서 보내주실까?'

2020년 2월, 텅 빈 아파트에 입주했을 때 김 집사를 통해 하루 만에 모든 가구와 침대, 주방 용품까지 채워주셨다. 남은 것은 냉장고뿐이었다. 냉장고를 사기 위해 친구 찬기와 함께 가게에서 계약서를 쓰려는 순간, 어디선가 전화가 왔다. "냉장고는 이곳에서 제가 사서 보내겠습니다." 할렐루야! 어찌 이것이 사람이 할 수 있는 일이겠는가!

주님께서는 한 치의 빈틈도 없이 모든 것을 채워주셨다. 그것은 내가 이곳에서 아직 해야 할 일이 남아 있다는 말씀 같았다. 주님은 내가 가는 곳마다 풍성하게 베푸셨고, 주님의 종들의 필요를 넉넉히 채워 나누게 하셨다. 죽도교회, 장호원 베데스다교회, 흑일도 사랑이 넘치는 교회, 그 모든 교회마다 주님은 위로와 풍성함으로 함께하셨다.

> "주님, 부족한 저의 삶을 언제나 풍성히 채워주시니 감사합니다. 주님께 받은 복을 나누며 살아가게 하옵소서."

친구들에게 전할 복음의 씨앗

> "너희는 온 천하에 다니며 만민에게 복음을 전파하라."(막 16:15)

은퇴를 하고 난 뒤, 나는 주님께 간절히 기도드렸다. "주님, 지금까지는 나를 위해 살았습니다. 이제 남은 삶은 주님을 위해 살다 주님께 갈 수 있도록 인도해 주옵소서."

그렇게 기도한 지 6년이 흘렀다. 한국에 와 있으면서도 오랜 친구들에게 연락하지 않았던 것은 내 안에 여전히 세상을 사랑하는 마음이 남아 있었기 때문이었다. 혹시라도 옛 친구들을 만나 세상 유혹에 다시 끌려갈까 두려워 일부러 피하며 지냈다. 그런데 얼마 전, 러시아에서 사역을 마치고 돌아오던 공항에서 놀라운 일이 일어났다. 54년 전의 친구, 정광섭이 내 앞을 스쳐 지나간 것이다. 특이한 인상 덕분에 단번에 알아볼 수 있었고, 그 순간 주님께서 '이제는 친구들을 만나도 좋다'고 허락하신 것 같은 마음이 들었다. 아마도 주님은 내게 "이제는 그들에게 예수님을 전하라"고 말씀하시는 듯했다.

얼마 전에는 중국에서 30년 가까이 사역을 마치고 돌아온 한 선교사님을 만났다. 그분도 "이제는 동창들에게 복음을 전해야겠다"라고 하셨다. 그 말을 들으니, 아, 이제 나도 그때가 되었구나 하는 깨달음이 찾아왔다. 사랑하는 친구들이 더 늦기 전에 주님을 만나는 것이야말로 복 중의 복이라는 사실을 전해야겠다는 마음이 깊이 자리 잡았다.

지난 6년 동안 내가 다녀온 곳은 죽도, 통영 도산교회, 흑일도, 장호원, 그리고 러시아 블라디보스토크에서 두 시간 떨어진 작은 마을 하롤, 그리고 지금 사역 중인 사할린이다. 그 모든 곳에서 만난 사람들은 주님을 만나고 주님을 사랑하며 자기 삶을 드린 사람들이었다. 나는 그들의 이야기를 내 사랑하는 친구들과 나누고 싶다. 장호원은 용말이와 함께, 죽도와 도산교회는 찬기와 함께 다녀왔다. 그때마다 주님의 은혜는 넘쳤고 동행의 기쁨은 컸다. 친구들이 주님을 만나면 얼마나 좋을까!

올해는 고교 동창 졸업 60주년이다. 나는 이 기회를 복음을 전할 기회로 삼고자 한다. 『이 땅에서도 저 섬에서도』라는 나의 책이, 내 삶에 역사하신 하나님의 은혜와 복음을 담아 친구들의 마음에 씨앗처럼 심겨지기를 소망한다. 주님의 말씀처럼, 복음을 향한 사랑의 씨앗이 뿌려져 영생의 열매가 맺히기를 간절히 기도한다.

> "주님, 저의 간증이 복음의 씨앗 되어 전해지게 하소서. 친구들의 마음 밭이 열려 영생의 열매 맺게 하소서."

길목마다 동행하신 주님의 은혜

> "그는 시냇가에 심은 나무가 시절을 좇아 과실을 맺으며 그 잎사귀가 마르지 아니함 같으니 그 행사가 다 형통하리로다."(시 1:3)

15년 이상 운영해오던 세탁소를 결국 닫게 되었다. 한 푼도 건지지 못한 채 문을 닫으려니 마음이 아팠으나, '여기까지가 하나님의 뜻이구나' 생각하니 마음이 편안해졌다. 미국에서 살아온 지난 시간들을 돌아보면 모든 것이 주님의 은혜였다. 시편 1편 3절의 말씀, "말씀을 주야로 묵상하는 자의 행사가 형통하리라"는 약속이 내 삶에서 그대로 이루어진 시간들이었다. 나는 늘 말씀을 묵상하였고, 그 말씀이 내 삶에 실제로 적용되는 것을 경험하였다. 주님께서는 한국에서의 삶을 지켜주시려고 김현범 집사, 박보영 목사님, 그리고 마이클 박 목사님, 이 세 분의 천사를 보내주셨다. 만일 이분들이 아니었다면 나는 아마 진작에 미국으로 돌아갔을 것이다.

주님께서는 섬으로 가는 길, 러시아로 가는 길, 그 모든 여정에서 나를 인도하시고 함께하셨다. 주님의 종들을 위로하는 일이 주님께 얼마나 큰 기쁨이 되는지 알게 되었고, 주님께서 그들을 얼마나 사랑하시는지도 깊이 깨닫게 되었다. 나 같은 부족한 사람이 주님이 기뻐하시는 종들과 함께할 수 있었던 것도, 주님께서 보내주신 천사들을 통해 인도하셨기 때문이다.

> "주님, 제 삶의 길목마다 인도하신 은혜를 기억하며 주님의 뜻에 순종하게 하소서. 가는 길마다 주님의 동행과 형통의 은혜로 채워 주소서."

예비하신 아파트, 예비하신 은혜

> "나의 하나님이 그리스도 예수 안에서 영광 가운데 그 풍성한 대로 너희 모든 쓸 것을 채우시리라."(빌 4:19)

주님께서 내게 놀라운 일을 행하셨다. 2019년 8월, 통영 도산교회 김용진 목사님과 함께 미수동 아파트를 신청했다. 몇 달이 지나 러시아 사할린으로 떠나기 전인 11월쯤 연락을 받았는데, 목사님은 안 되고 나는 60번째로 당첨되었다는 소식이었다. 그런데 내 뒤에도 기다리는 사람들이 많다고 했다. 죽도에 계신 한 목사님께 여쭈니, 보통 1~2년은 기다려야 한다고 하셔서, 나는 예정대로 12월 말 한 달 일정으로 사할린으로 떠났다. 돌아와서 최소 1년 정도 머물 집을 구해야 했는데, 마음은 무거웠다. 새 집에 들어가게 되면 가구와 침대까지 다 장만해야 했기 때문이다.

그런데 러시아에 간 지 20일쯤 지난 1월 중순, 한 목사님으로부터 연락이 왔다. 아파트 입주금을 내고 바로 들어오면 된다는 것이었다. 할렐루야! 주님의 예비하심이었다.

1월 30일 한국으로 돌아온 나는 박 목사님 댁에서 일주일 정도 머물렀다. 이후 박 목사님은 미국으로 떠나시고, 나는 통영으로 내려왔다. 그때 박 목사님께서 아파트 입주금을 도와주시겠다고 하셨다. 또 하나의 주님의 은혜였다. 마침 친구 찬기가 밴을 가지고 있어 그 차로 이삿짐을 실어 편히 통영까지 내려왔다. 아파트 사무실에 가서 입주하겠다고 하니 직원들이 놀라며 말했다. "박문규라는 분이 누구십니까? 아파트에 당첨되고 한 번도 방문하지 않다가 갑자기 와서 입주하겠다고 하시니 이상하네요." 그러면서 웃으며 아파트 열쇠를 건네주었.

안으로 들어가 보니, 바다 옆 깨끗한 공간이 이미 도배까지 마쳐진 채 나를 기다리고 있었다. 주님께서 내가 러시아에 있는 동안 모든 것을 예비해 두셨음을 보고 감격했다.

가구를 어떻게 마련할까 고민할 때, 게스트하우스를 운영하던 김태근 집사님께서 쓰던 침대, 책상, TV, 주방용품, 세탁기, 토스터기, 전기 주전자까지 필요한 모든 것을 내어주셔서 집안이 가득 채워졌다. 주님의 손길이었다. 마지막으로 냉장고만 남아 롯데마트에서 계약을 하려는 순간, 구 사모에게서 전화가 왔다. 냉장고를 이미 주문했으니 다음 주에 도착할 것이라는 소식이었다. 그 순간 찬기와 나는 서로 말문이 막혔다. 나는 스스로 묻지 않을 수 없었다. "내가 무슨 자격이 있기에 주님께서 이렇게 하나하나 다 예비해 주시는가?" 내가 한 것이라곤 그저 주님이 보내신 곳에 가고, 어려운 이들을 조금 도운 것뿐이었다. 그것마저도 주님께서 사랑하시는 사람들을 통해 하신 일인데, 어떻게 빈손으로 아파트까지 얻게 하시는가!

무엇보다 놀라운 일은 찬기의 변화였다. 평생 예수님을 믿지 않고 살아왔던 그는 이제 나와 함께 매일 기도하는 믿음의 사람으로 변화되고 있다. 찬기가 고백했다. "평생 교회 다니는 친구들과 어울리며 지냈지만, 나는 믿지 않았어요. 그런데 이제는 믿어야 할 것 같아요." 주님께서 찬기를 사랑하셔서 이 모든 것을 직접 보게 하시고, 결국 예수님을 믿게 하신 것이다.

> "주님, 저의 모든 필요를 아시고 예비해 주시니 감사합니다. 제 삶을 통해 하나님의 선하심이 증거 되게 하시고, 이 일로 많은 이들이 믿음 안에 들어오게 하소서."

글을 쓰게 하신 주님의 계획

> "여호와의 말씀이니라 너희를 향한 나의 생각을 내가 아나니 평안이요 재앙이 아니니라 너희에게 미래와 희망을 주는 것이니라"(렘 29:11)

새벽 4시, 조용히 지난날을 돌아보며 깊은 묵상에 잠긴다. 내 삶의 모든 순간들이 주님의 은혜였고, 계획 안에 있었음을 깨달으니 나의 모든 것을 예비해 주신 하나님을 찬양하지 않을 수 없다. 남은 생을 주님께 드리고 싶어 한국에 오기로 결심하게 하신 분도 주님이셨고, 이 새벽에 그 모든 것들이 하나님 계획 안에 있었음을 깨닫게 하신 것도 주님의 뜻이었다. 이렇게 글을 쓰게 된 것 역시 내 뜻이 아니고, 전적으로 하나님께서 예비하신 일 중 하나임을 고백한다.

나는 원래 글을 써 본 적도, 글을 쓸 생각도 없던 사람이었다. 글재주도 없고 맞춤법이나 띄어쓰기도 자신이 없었다. 그런데도 지금 이렇게 글을 쓰고 있는 나 자신을 보며 하나님의 위대하심을 다시 본다. 한국에서 혼자 지내며 마주친 힘들고 어려운 이들의 삶을 보며 항상 불쌍한 마음이 들게 하신 것도 주님의 인도하심이었다. 시간이 지나 잊힐까 두려워 남기고 싶어 시작한 기록들이, 주님의 계획이었음을 오늘에서야 깨닫는 둔한 나를 본다. 주님은 나를 통해 많은 일들을 이루셨다. 여러 어려운 곳을 돕게 하시고, 그들을 기쁨과 감사의 삶으로 인도해 주신 주님께 감사드린다. 코로나로 인해 미국으로 돌아가지 않고, 주님께서 임대 아파트까지 예비해 주신 것을 보니, 아직 이 땅에서 해야 할 일이 남아 있음을 느끼게 된다.

2019년 러시아 사할린에 가서 김영원 선교사님을 대신해 교회를 섬기게 하셨고, 2020년 1월 말 한국에 돌아오게 하셨다. 그리고 2월 3일, 아파트 입주 확정 편지를 받고 친구 찬기와 함께 입주하게 하셨다. 그 직후 코로나 사태가 시작되어 어디도 갈 수 없고, 오라는 이도 없는 때였다. 특히 섬 지역은 전혀 갈 수 없었기에, 아파트가 없었다면 나는 정말 갈 곳이 없었을 것이다. 주님은 외롭고 잠 못 자던 친구 이 화백과 함께 살 수 있도록 아파트를 허락해 주셨다. 아마도 혼자 지내는 화가 찬기가 안쓰러웠던 주님의 배려였던 듯하다. 그 후로는 외로움이 줄어 글을 쓰지 않게 되었으니, 외로움 속에서 기록들이 탄생했다는 것도 감사하다. 이 글들에는 그동안 나를 사랑하고 도와주신 분들께 감사의 마음을 전하고, 믿지 않는 분들에게는 전도의 도구가 되기를 바라는 소망이 담겨 있다.

> "주님, 제 삶의 모든 순간이 주님의 은혜였음을 고백합니다. 기록된 글들이 감사의 열매가 되고, 믿지 않는 이들에게 복음의 통로가 되게 하소서."

끝날까지 주님을 기쁘시게

> "내가 선한 싸움을 싸우고 달려갈 길을 마치고 믿음을 지켰으니 이제 후로는 나를 위하여 의의 면류관이 예비되었으므로…"(딤후 4:7-8)

내가 미국을 떠나 지내온 시간들을 돌이켜 보면, 주님께서 내가 감당해 온 일들을 기뻐하셨다는 믿음이 있다. 나는 여러 섬들을 다니며 노인 몇 분만 계신 작은 교회들에서, 그들의 영혼을 사랑하여 묵묵히 섬기는 외로운 종들을 위로하고 작은 힘이지만 나누며 함께 섬겼다. 그 사역의 자리를 통해 나는 주님께서 화려한 대형 교회보다도 농어촌 외진 마을의 작은 교회, 노인 몇 분이 모여 드리는 예배를 얼마나 귀히 여기시고 사랑하시는지를 깊이 깨달았다. 칠십을 넘긴 지금, 주님 뵐 날이 점점 가까워 오는 나는 더욱 지혜롭게, 남은 시간은 오직 주님만을 위해 살아야겠다고 다짐한다.

부산의 어느 목사님의 이야기가 떠오른다. 이 목사님은 부산에서 교회를 개척해 열심히 사역하였고, 마침내 큰 교회로 성장하게 되었다. 그는 주님 앞에 서면 칭찬받으리라 기대했다. 그러나 마음속에 들려온 주님의 음성은 뜻밖에도 "너는 지금껏 너의 영광을 위해 일해왔구나."라는 책망이었다고 한다. 그 말씀을 들은 목사님은 큰 충격과 깊은 슬픔을 겪었다. 나는 이 간증을 들으며 생각했다. 열심히 사역했으나 주님께 책망을 듣는다면 얼마나 안타깝고 허무하겠는가. 그래서 나는 더욱 마지막 경주를 끝까지 달려, 주님께 인정받는 삶을 살고 싶다. 한국에서 귀한 믿음의 형제자매들을 만나게 해주신 주님은, 나의 남은 길 또한 지켜주실 줄 믿는다. 나의 걸음이 주님이 기뻐하시는 길 위에 있기를 기도한다.

> "주님, 저의 걸음을 주님 기뻐하시는 길로 인도하시고, 충성된 동역자들과 함께 마지막까지 믿음을 지키게 하소서."

📖 말씀 위에 선 삶

> "주의 말씀은 내 발에 등이요 내 길에 빛이니이다."(시 119:105)

내가 다니던 교회의 담임 윤영준 목사님은 천국과 지옥 이야기를 자주 하셨다. 천국은 우리가 상상하는 것보다 훨씬 더 좋은 곳이고, 지옥은 우리가 생각하는 것보다 훨씬 더 무섭고 영원히 나올 수 없는 곳이라고 하셨다. 어느 주일 천국과 지옥에 관한 설교를 듣던 중 성령님께서 내게 말씀해 주셨다. "목사님 말씀만 듣지 말고, 네가 직접 알아보아라." 그 말씀을 붙잡고 나는 성경을 읽기 시작했다. 성경을 세 번쯤 통독했을 때 요한복음 1장 1절을 보는데 성령님께서 "이 말씀을 매일 읽으라" 하셨다. 그때부터 1년 가까이 요한복음 1장 1절을 매일 읽었다. 성경을 다섯 번쯤 읽었을 때는 요한복음 14장을 읽으라고 알려주셨다. 그래서 지금까지 33년 동안 매일 그 말씀을 읽고 있다. 또 성경을 일곱 번쯤 읽었을 때는 마태복음 5, 6, 7장을 읽으라고 하셨고, 지금까지 산상수훈을 매일 묵상하고 있다.

예수원의 영적 지도자 대천덕 토레이 신부님께서도 가족이 모일 때마다 요한복음 14장을 함께 읽는다고 하셨던 말씀이 떠올랐다. 그의 할아버지와 아버지 모두 세계적으로 존경받는 침례교 목사님이셨다. 나 역시 말씀의 인도하심 속에 걷게 되었다.

내가 좋아하는 박보영 목사님을 만나게 된 계기도 오래 전 그의 설교 테이프에서 마태복음 5, 6, 7장을 매일 읽으라는 권면을 들었기 때문이다. 많은 목사님들이 산상수훈이 중요하다고 말은 하지만, 매일 읽으라고 강조하신 분은 박 목사님이 처음이었다. 그 순간, 나와 같은 마음을 가진 분이 있다는 사실이 기뻤고 꼭 만나고 싶었다. 그러나 주님께서 말씀하셨다. "그들이 보아도 보지 못하고, 들어도 듣지 못하나니…"(마 13:13) 성경을 아홉 번 읽고 주위를 돌아보니, 느가복음 13장 23절에 나오는 질문처럼, 천국에 들어갈 사람이 많지 않아 보였다. 그 사실 앞에서 나는 주님께 기도드렸다. "주님, 나의 남은 삶을 주님께 드립니다. 그러니 제 가족과 주위 사람들을 돌보아 주시옵소서."

어느 날 아내에게 말했다. "지금까지는 나와 가족만을 위해 살아왔는데, 이제 남은 삶은 주님 위해 살고 싶어." 아내는 한동안 말이 없더니 시간이 꽤 지나서야 조용히 말했다. "당신 생각대로 가 보세요." 그러면서 2,000달러를 내 손에 쥐어주었다. 아내는 아마 내가 그 돈으로 몇 주 머물다 돌아올 것이라 생각했을 것이다.

그러나 나는 주님께 기도드렸다. "주님, 이제 아무 계획도, 아무 준비도 없이 오직 주님만 바라보며 떠납니다. 저의 길을 인도해 주시옵소서." 그 2,000달러를 가지고 집을 떠난 지 어느덧 10년이 되었다. 가는 곳마다 외롭고 힘든 자리였지만, 그곳마다 주님을 사랑하는 귀한 이들이 있었고, 주님은 그들을 얼마나 사랑하시는지를 깨닫게 하셨다. 또한 다른 이들의 손길을 통해 그들을 돕고 위로할 수 있도록 나를 인도해 주셨다. 이 얼마나 감사한 일인가!

> "주님, 날마다 새롭게 가르쳐 주신 성령님 감사합니다. 제 남은 생애가 오직 말씀 위에 서고 말씀의 빛을 따라 살게 하소서."

📖 헌신의 열매 김용진 목사님

> "너희 몸을 하나님이 기뻐하시는 거룩한 산 제물로 드리라 이는 너희가 드릴 영적 예배니라."(롬 12:1)

한국에 와서 많은 섬과 농어촌 교회를 다녀보았지만, 도산제일교회만큼 아름다운 교회를 보지 못했다. 봄이면 눈부신 벚꽃이 교회를 에워싸고, 가을이면 불타는 듯한 단풍이 교회 주위를 감싸 안는다. 이 교회는 김용진 목사님께서 연고 하나 없는 통영에 와서 자기의 전 재산이던 아파트를 팔아 세운, 헌신과 눈물이 빚어낸 하나님의 집이다.

교회와 함께 지어진 사택은 내가 갈 때마다 몸과 마음을 쉬게 되는 은혜의 공간이었다. 김 목사님의 체구는 작고 약해 보이지만, 하나님을 위해서는 누구보다 강한 분이셨다. 코로나로 많은 교회가 예배의 문을 닫을 때도 목사님은 굳건히 선언하셨다. "나는 무슨 일이 있어도 예배는 드릴 것입니다." 실제로 시에서 감시가 나왔을 때도 그는 두려움 없이 끝까지 예배를 지켜냈다. 그 믿음과 담대함은 하나님께서 기뻐하시는 순종의 모습이었다.

오늘 예배 시간에 목사님은 고백하셨다. "다른 교회들은 헌금이 줄어 어려움을 겪는데, 우리 교회는 오히려 더 늘었습니다." 주님께서 친히 "내가 기뻐하노라" 하시며 보여주신 살아 있는 증거였다. 이제 나도 나이 들어 무릎, 허리, 탈, 아픈 곳이 많아졌다. 다음 달이면 탄자니아로 떠나야 하는데, 그곳에서는 한국처럼 병원을 쉽게 찾기 어렵고 분명 불편이 따를 것이다. 그러나 나는 주님의 갈씀을 붙든다. "사람으로는 할 수 없으나 하나님으로는 다 하실 수 있느니라."(마 19:26) 김 목사님을 통해 보여주신 것처럼, 주님께서 내 삶에도 친히 증거를 보여주시지 않겠는가? 어차피 머지않아 주님 앞에 서야 할 인생이다. 그날 주님 앞에서 "나는 주님을 위해 이렇게 살다 왔습니다." 하고 고백할 수 있어야 하지 않겠는가?

> "주님, 김 목사님의 믿음의 발걸음을 본받아, 저희도 주님을 기쁘시게 하는 산 제물이 되게 하소서."

📖 주님이 보내주신 세 천사

> "저가 너를 위하여 그 사자들을 명하사 네 모든 길에서 너를 지키게 하심이라."(시 91:11)

주님께서는 내가 한국에 있는 동안 나를 위로하시고 힘내라고 천사들을 보내주셨다.

첫 번째 천사는 약 12년 전쯤 만난 방주교회의 목사님이었다. 부임하신 지 1년쯤 되었을 때, 나를 집으로 초대해 주셨는데 지금 생각해도 놀라운 일이다. 작은 방 세 칸에 스무 명 가까운 아이들이 살고, 주말이면 서른 명이 넘게 모이는 집이었다. 누구를 맞이할 만한 여유 없는 집이었는데도 기꺼이 나를 받아주셨다. 그것은 주님이 예비하신 섭리였고, 목사님의 순종이었다고 나는 믿는다.

두 번째 천사는 방주교회 성도 김현범 형제다. 그는 박보영 목사님의 가르침을 받고 죽도로 파송된 형제였는데, 내가 어렵고 힘든 순간마다 곁을 지켜주었고 신실하고 착한 천사처럼 죽도 식구들을 돌보았다. 무엇보다 말 못하는 축복이의 네 개의 썩은 이를 뽑고 다섯 개의 이를 치료할 수 있었던 것도 김 형제 덕분이었다. 주님은 축복이가 아플 때마다 천사를 보내 주셔서 오늘을 넘기지 못할 것 같아도 다음 날 회복시키셨다. 그래서 아이의 별명이 '오뚜기'다. 김 형제가 오는 날은 죽도에서 유일하게 고기를 먹을 수 있는 날이기도 했다. 먹을 것을 풍성히 안겨주는 축복의 천사, 내 곁을 지켜주는 보호천사였다.

세 번째 천사는 오직 주님만 의지하며 살아가는 죽도교회의 한 목사님이다. 주님을 위해 생명까지 드리기를 원하는, 주님을 뜨겁게 사랑하는 귀한 종이었다. 열악한 환경 속에서도 16년 동안 외로운 섬을 지키며 성경을 읽고 묵상하며, 이웃 섬 교회들을 발 벗고 도왔다. 귀신에 시달리던 김종선 자매를 위해 한 달 사례비 35만 원을 아낌없이 내어 복음을 전할 기회를 마련했고, 남편이 세상을 떠난 후 자매는 신실한 교인으로 변화되었다. 많은 목사님들이 1~2년도 버티지 못하고 떠나는 섬에서, 총신대 학생회장까지 지낸 유능한 목사님이 묵묵히 주님만 바라보며 자리를 지키고 계셨다. 나는 종종 생각한다. 혹시 주님께서 사랑하는 종을 세상의 어지러움으로부터 지키시기 위해 이곳에 숨겨두신 것은 아닐까?

이 세 명의 천사를 떠올릴 때마다 나는 확신한다. "주님께서 내가 하는 일을 기뻐하신다." 지난주 죽도에 갔을 때 박 목사님의 설교를 듣고, 이 세 분이 모두 죽도로 찾아오셨다. 주님께서 박 목사님을 통해 그들의 마음을 움직이신 것이다.

이가 아파도 참고, 눈이 안 보여도 참고, 고된 삶 속에도 믿음을 붙드는 죽도 식구들은 인내의 선수들이다. 주님께서 보내주신 천사들과 함께 그들의 믿음을 지켜가는 것, 그것이 내 사역의 큰 위로요 감사의 제목이다.

> "주님, 천사들을 보내주셔서 감사합니다. 그들의 손길을 통해 제 사역이 지탱되었음을 고백합니다. 죽도 식구들을 위로하시고, 오뚜기처럼 다시 일어서게 하소서."

축복이를 통한 주님의 위로

> "내가 너희를 고아와 같이 버려두지 아니하고 너희에게로 오리라."
> (요 14:18)

축복이는 이름만 해도 주희, 축복이, 공주, 세 개나 되는 참 특별한 아이다. 눈꺼풀이 찢어지는 큰 사고를 당했을 때 봉합 수술이 필요했지만, 의사는 두려워하며 망설였다. 그때 한 목사님이 책임을 지겠다고 용기를 주자 의사는 손을 떨며 수술을 집도했다. 놀랍게도 축복이는 꿈쩍도 하지 않고 수술을 마쳤다. 아픔조차 조용히 참아내는 신비한 아이였다. 그동안 겪어온 고통에 비하면 이 정도 아픔은 아무것도 아니었던 것이다.

축복이는 잇몸이 썩어 코와 연결되어 기침을 하면 침이 코로 나올 정도였으나, 말을 못하니 아프다는 말조차 못하고 밤새 뛰어다니기만 했다. 작년에는 무려 아홉 개의 이를 치료했다.

주님은 나를 섬으로 부르셨다. 섬이라면 흔히 아름다운 파도와 낭만을 떠올리지만, 실제는 고요하고 외로운 노인들의 마을이었다. 배가 들어오는 날이면 마을 노인들이 나와 앉아 있다가 배가 떠나면 조용히 집으로 돌아간다. 그 후엔 마치 무인도 같은 적막함만 남는다. 오래 살면 우울증과 병이 엄습하는 곳이다.

죽도에 온 지 4~5개월쯤 되었을 무렵, 박보영 목사님이 죽도 이야기를 설교에서 전하셨다. 그 말씀을 듣고 방주교회 김 집사님이 무려 7시간의 여정을 마다 않고 찾아왔다. 그날은 여름 수양회로 많은 사람들이 섬에 머물고 있었고, 돌아갈 배가 없어 마을회관에서 하룻밤을 묵게 되었다. 마침 그곳을 찾은 구 사모가 노란 바지를 입은 김 집사를 보고 "교회에 오셨냐?"고 물었던 것이 죽도 사역의 인연이 되었다. 나는 자주 주님께 묻는다. "주님, 제가 지금 주님이 기뻐하시는 일을 제대로 하고 있습니까?" 그러면 주님은 김 집사님을 떠올리게 하시며 이렇게 말씀하시는 듯하다. "그래서 내가 그를 네게 보내지 않았느냐. 너 외롭지 않게 하려고…"

김 집사님은 3년 반 동안이나 먹을 것, 쉴 곳, 때로는 선물까지 챙겨준 주님의 천사였다. 축복이의 치과 치료를 위해 거제도까지 차를 몰고 와 배를 타고 들어와서는, 다시 서울 연세대 치과병원까지 밤새워 함께 달려가 주셨다. 이런 헌신은 오직 주님의 사랑을 깊이 받은 자만이 할 수 있는 일이었다. 주님은 우리의 형편을 아시고 미리 준비하시는 자상하신 분임을 나는 다시금 깨닫는다.

축복이를 통해 잊을 수 없는 일이 두 번 있었다. 예배를 시작하려는 순간, 문제를 일으키며 목사님을 쫓아내려던 권사님이 앉아 있었는데, 갑자기 축복이가 일어나 그 권사님의 머리를 붙들고 흔들었다. 또 다른 날에는 방석을 던졌다. 평소 한 번도 그런 행동을 하지 않았던 축복이였기에 모두가 놀랐다. 사람들은 그것이 주님께서 말 못하는 축복이를 통해 그 권사님께 "정신 차려라." 하신 메시지였다고 했다.

축복이는 말은 못해도 참고 기다릴 줄 아는, 주님이 사랑하시는 영적인 아이다.

> "주님, 김 집사를 통해, 또 축복이를 통해 주님의 은혜와 사랑을 보게 하시니 감사합니다. 여러 섬의 모든 식구들에게 하늘의 위로와 복을 풍성히 내려 주옵소서."

📖 십자가 길을 걷는 죽도 사모님

> "너희 염려를 다 주께 맡기라 이는 그가 너희를 돌보심이라."(벧전 5:7)

나는 죽도가 어디 있는지도 몰랐다. 한국은 나에게 잠시 거쳐 가는 곳으로 여겨 주님이 나를 어디로 보내실지 기도하며 기다리던 중이었다. 그때 우연히 머무르게 된 곳이 복음교회였고, 거기서 박 목사님이 2박 3일 세미나에 한번 가보라고 하셨다. 세미나 중 자기소개 시간에 한 사모님이 자신은 섬에서 왔다고 하셨는데, 내가 떠나는 날 그 사모님께 "제가 섬에 가도 될까요?" 하고 물었더니 기다렸다는 듯 활짝 웃으며 전화번호를 주셨다. 그 순간 이상하다는 생각이 스쳤지만 나중에 들은 이야기로는, 전날 밤 주님께서 그 사모님에게 밤새 기도를 시키셨고, 기도 중에 내게 손을 뻗으며 "저분이 우리 섬에 오게 해 주세요." 하고 간절히 부르짖었다고 했다. 그로부터 일주일 뒤, 나는 죽도라는 섬에 발을 딛게 되었다. 총 인구가 67명, 나까지 합쳐 68명인 조용한 섬이었다.

그날 밤, 사모님의 간증을 10시부터 새벽 7시까지 9시간 동안 들었다. 그리고 1년 반을 같이 살며 듣는 사모님의 간증은, 들을 때마다 새롭다. 사모님은 "은사를 많이 받은 것은 아니고, 그저 주님과 친해요."라고 말하신다. 주님과의 친밀한 교제는 누구보다도 깊은 분이나, 그 삶은 고단하기 짝이 없다. 사모님은 가난했고, 어린 시절 몸도 약해 학교보다 결석한 날이 많았다고 한다. 결혼 후 신학교를 다니셨고, 찬양이와 축복이라는 연년생 남매를 낳았다. 찬양이가 세 살 때, 한 살 반 된 축복이에게 악성 간질이 찾아와 찬양이를 돌볼 겨를도 없이 병원과 약국을 전전하며 살아야 했고, 그 시간은 지옥 같았다고 고백하셨다. 혼자 자란 찬양이는 자연과 동물이 친구로, 물고기 암수도 가려낼 만큼 혼자 자연과 교감하며 컸다. 그런 찬양이가 군대를 갔는데, 시키는 일만 한다고 고문관 취급을 받고 왕따와 구타에 시달렸다. 한 번은 기압 도중 기절했는데, 그때 방언이 터져 부대에서는 그를 병원에 입원시켜 약을 먹으며 잠만 자는 날들이 계속되었다. 전역 후에도 후유증으로 고통 받고 지금도 약을 먹고 있고 일을 못하며, 머리도 빠지고 감정 조절이 어려운 상태다. 왜 이렇게 두 자녀 모두 고통 가운데 있어야 하는지 엄마 마음은 얼마나 아플까?

세미나 첫날 사모님은, "요즘은 농사짓느라 기도도 못해요."라고 하셨다. 그 말이 이상하게 들렸는데, 나중에 그 이유를 알게 되었다. 10여 년 전, 매미 태풍으로 죽도교회는 지붕이 날아가고 건물이 무너졌다. 교회 재건 이야기를 꺼내자 형편이 다 어려운 성도들은 "그냥 살자."고 했지만, 목사님은 사례비를 포기하고 은행에서 빚을 내 직접 교회를 짓자고 결심했다. 그때 사례비는 35만원, 그 결단 이후로 지금까지 사례비를 한 번도 받지 않고 계신다.

죽도교회 성도는 노인만 8명이었는데 지금은 6명으로 줄었다. 생활비를 벌기 위해 사모님은 산 중턱 밭을 얻어 농사를 짓는다. 나는 그 농사일을 도와본 적이 있는데, 그 산을 오르는 일조차 너무 힘들었다. 축복이를 영창 같은 방에 가두고, 종일 밭일을 하고 돌아오면 온방에 얼굴과 몸에 똥오줌을 바르고 있는 축복이가 있다. 그걸 보면서도 또 다음 날 새벽에 일어나야 하는 삶. 기도할 힘조차 없을 만큼 지친 삶이 사모님과 주님의 친밀한 관계마저 멀어지게 만들었고, 그걸 사모님은 지금도 슬퍼하고 계신다.

요즘 찬양이는 금식 중이다. 17일째, 커피 만드는 공부를 하려다 집중이 안 되고, 머리가 아프다며 포기한 찬양이는 너무 실망해 죽으면 죽으리라는 심정으로 금식에 들어갔다. 왜 주님께서 이 가정에 이토록 큰 시련을 허락하시는지 지금은 잘 모르지만, 분명 주님의 깊은 뜻이 있으실 것이다.

"주님, 이 가정을 불쌍히 여기시고, 주님의 위로와 은혜로 채워 주옵소서."

하나님의 특별한 은총

> "사람으로는 할 수 없으나 하나님으로서는 다 하실 수 있느니라."(마 19:26)

크리스천이라면 누구나 하나님의 축복을 간구하고, 삶 가운데 하나님의 인도하심을 기대하고 기도한다. 그런데 '하나님의 특별한 은총'이라는 표현은 다소 생소하게 느껴질 수 있다. 그러나 그 뜻은 단순하고도 명확하다. 하나님의 특별한 은총은 내가 기도하지 않았고, 기대하지도 않았는데도 불구하고 주님의 임재와 간섭으로 불가능한 일이 가능해지도록 역사하시는 하나님의 특별한 은혜를 말한다.

그 은혜를 실제로 경험한 일이 있다. 지금부터 약 15년 전, 에티오피아 선교 중 있던 일이다. 현지 목회자들과 리더 40명에게 '영적 전쟁' 세미나를 인도했던 나는 일정을 은혜 가운데 마치고, 작별 인사를 나눈 후 공항으로 향했다. 비행기 시간이 촉박했기에 현지 목사님이 급히 차로 데려다 주었고, 나는 부랴부랴 검색대를 통과해 독일 항공 루프트한자(Lufthansa) 티켓 카운터로 뛰어갔다. 그런데 이상하게도 카운터에 아무도 없었다. 의아한 마음에 옆 항공사 직원에게 물었더니, 그날은 루프트한자 비행편이 없다고 했다. 나는 절대 그럴 리 없다고 우겼지만 소용이 없어, 결국 나를 데려다 준 목사님께 다시 전화해 상황 설명을 하고 공항으로 다시 와달라고 부탁했다. 할수없이 그날 밤은 목사님 댁에서 묵고, 다음 날 아침 아디스아바바 시내 루프트한자 사무실로 찾아가 따지기로 했다.

다음 날, 여행사 사무실 직원은 친절하게 나를 맞아주어, 내가 사정을 설명하고 티켓을 보여주자 직원은 내가 어제 비행기를 놓쳤다고 했다. 일정에 쫓기다 날짜를 착각했던 것이다. 다음 비행편을 물었더니, 오늘 밤에 있긴 하나 만석이라고 했다. 나는 포기하지 않고 말했다. "나의 하나님께서 내 자리를 예비하실 것이니 예약만 해 주세요." 직원은 나를 딱하게 바라보더니, 1주일 후 좌석이 있으니 그 자리를 맡든지 아니면 포기하라고 했다. "저는 주말에는 로스앤젤레스에 도착해서 주일 예배 설교를 해야 합니다. 주님께서 좌석을 마련해 주실 거라고 믿습니다." 나는 일방적으로 선포한 후 현지 목사님 연락처를 남긴 뒤, 한심한 듯 바라보는 직원을 뒤로 하고 사무실을 나왔다. 오후 5시면 사무실 문을 닫고, 비행기 출발은 7시 30분이라 오후 2시, 3시, 4시가 되어도 전화가 오지 않자 마음은 조급해졌다. 함께 있던 에티오피아 현지 목사님도 불안한 눈빛으로 나를 바라보았다. 오후 4시 25분, 여행사에서 온 전화가 때르릉 울렸다. 즉시 달려가니 직원이 놀라서 묻는다. "너의 하나님은 누구냐? 부처냐? 모하메드냐?" "아니요! 예수 그리스도십니다!" "방금 어떤 사람이 아디스아바바에서 프랑크푸르트를 거쳐 로스앤젤레스로 가는 항공편을 취소해 좌석이 하나 생겼습니다." 할렐루야!

두 번을 갈아타고, 꼭 그 시간 같은 방향으로 갈 수 있도록 바꾸실 수 있는 분은 주님 아니면 누가 또 있으랴! 나는 곧장 공항으로 달려가 짐을 부치고 탑승을 마쳤다. 비행기 안에서 주님께 모든 영광과 감사를 올려드렸다. 주님께서 이렇게 말씀하시는 것 같았다. "이것이 내가 네게 베푼 특별한 은총이다."

> "주님, 불가능한 길을 여시는 특별한 은총을 날마다 기억하며, 언제나 믿음으로 주님을 신뢰하게 하옵소서."

여행 끝에 주신 깨달음

> "여호와께서 너의 출입을 지금부터 영원까지 지키시리로다."(시 121:8)

한 달 예정으로 왔던 여행이 두 달이 지나 이제야 집으로 돌아가게 되었다. 얼마 전까지만 해도 즐거웠던 여정인데, 나이가 들고 보니 이제는 버겁고 힘이 든다. 그럼에도 불구하고 주님 은혜로 무사히 여행을 마치고 돌아가니, 주님께 감사할 뿐이다. 사실 한 달도 긴 시간인데, 동생과 조카들이 그동안 수고했다며 함께 유럽 크루즈 여행을 가자고 간곡히 권유해 결국 한 달이 더 늘어났다. 약 11일간 망망대해를 떠돌며, 종일 바다만 바라보고 저녁마다 소고기 스테이크에 참치 스테이크, 끝없이 나오는 음식들을 먹었다. 이번 여행은 특히 10여 년을 러시아와 아프리카, 그리고 섬들을 다니며 선교해 온 나로서는 마음 무거운 여행이었다. 섬에서는 1년이 가도 고기 한 번 제대로 먹기 어려운 환경이다 보니, 넘쳐나는 음식 앞에 마음 한구석이 편치 않았다.

바다를 바라보며 10여 일을 지나 포르투갈에 도착하며 여행은 이어졌다. 섬과 아프리카만 다니다 정돈된 아름다운 도시를 보니, 마치 다른 세상에 온 것 같은 느낌이 들었다. 포르투갈을 지나 스페인의 바르셀로나로 향해 시내 구경을 하고, 다음날 로마로 떠났다. 로마에서 본 콜로세움은 참으로 웅장해, 2천 년 전에 이런 거대한 구조물을 돌로 쌓아 올렸다는 사실이 놀라웠다. 투우사들과 동물들이 싸웠던 원형 경기장 자취를 보며, 또 하나의 기억이 떠올랐다. 예전에 탄자니아에 있을 때 '잔지바르'라는 아름다운 휴양지를 간 적이 있다. 그곳에는 노예시장이 있었고, 심지어 교회 안에 노예들을 가두었던 돌방이 있었다. 열 평 남짓한 공간에 70~80명을 발가벗긴 채 쇠고랑을 채우고, 하루에 한 끼 음식을 던져주며, 대소변은 물 한 번으로 씻어내고, 병들면 죽게 내버려 두었던 흑인들, 말 그대로 개만도 못한 대접을 받았던 사람들이 있었다.

박 목사님이 종종 하시던 말씀이 떠오른다.

"공평하신 하나님께서 이런 일을 가만히 보고만 계시지 않으실 것이다. 어쩌면 마지막 때에 아프리카가 크게 쓰임 받게 될 것이다."

로마에 있는 커다란 돌들이 아프리카에서 옮겨졌다고 하니, 그 과정에서 얼마나 많은 흑인들이 고통 당하고 죽음을 맞았을까 생각하니 마음이 무겁고 분노가 일었다. 화산재에 묻혔던 폼페이조차 그들이 창녀촌을 위해 돌을 옮겨온 흔적들이라니 더욱 그런 기분이 들었다. 우리 모두 주님 앞에 죄인이지만, 흑인을 노예 삼아 장사한 백인과 아랍인들은 마땅히 무릎 꿇고 사죄해야 할 것이다.

주님은 우리 가족에게 주님의 풍성한 은혜와 사랑으로, 바다 위에서 함께한 시간 동안 지켜주셨고 서로에게 기쁨과 위로가 되게 하셨다. 여행 중에도 주님의 은혜가 우리 삶의 항해를 인도하시는 참된 나침반임을 깨닫게 하셨다.

> "주님, 이 여행을 통해 역사의 어두움을 보게 하시고, 주님의 공의와 사랑을 깊이 묵상하게 하시니 감사합니다."

나눔의 열매 뽈락 선생

> "주는 것이 받는 것보다 복이 있다 하심을 기억하여야 할지니라."
> (행 20:35)

오늘은 옆집 아파트에 사는 뽈락 선생 이야기를 해야겠다.

뽈락은 서울 사람들은 잘 모르는, 경상도에서 부르는 손바닥만 한 생선 이름이다. 크기는 작지만 맛은 좋은데, 어찌나 가시가 센지 먹을 때마다 러시아에서 목에 가시가 걸려 죽다 살아난 기억이 떠오를 정도다.

뽈락 선생은 이곳 최고의 밤낚시꾼이라 하는데, 실제로 고기를 잘 잡아온다. 그러나 까칠한 성격으로 사귀기가 쉽지 않다. 몸이 아파 일을 하지 못하는 상황에서도 홀로 꿋꿋이 살아가고 있다. 그런데 이상하게도 그는 나와는 무척 친하다. 뽈락 선생은 자기가 마음을 주고 친하게 지내는 세 사람 중 하나로 나를 꼽는다. 사실 친해진 계기는 단순했다. 내가 가진 것 중 일부를 주님의 말씀에 순종하여 나누었을 뿐인데, 그것이 계기가 되어 그는 나를 존경하는 이웃으로 여기게 된 것이다. 주님께서 말씀하셨듯, "주는 자가 복되다."는 말씀이 그대로 이루어진 셈이다.

내가 미국에 가 있는 동안 우리 아파트에서는 작은 사건이 벌어졌다. 바로 뽈락 선생이 나로 인해 경찰과 소방관을 부른 것이다. 나는 에티오피아에서 750명 침례식과 빵공장 오픈 기념식에 다녀온 후 동생과 함께 미국으로 향했는데, 떠나기 전 뽈락 선생에게 알리지 못했다. 한 달 일정이 두 달로 늘어나면서 연락이 없자, 뽈락 선생이 크게 걱정한 것이다. 그는 평소에 낚시로 잡은 뽈락을 나누어 주곤 했는데, 내가 아무런 소식도 없자 '분명 방에 쓰러져 있을 것'이라 생각하고 경찰과 소방관을 불렀다. 문을 뜯으려는 순간, 문 앞의 도산제일교회 간판을 보고 교회로 전화를 걸었고, 김 목사님이 "어제도 박 선교사와 통화했습니다."라고 대답해 사건은 일단락되었다. 이후 아파트 편의점에 들렀더니 주인이 나를 보고 "아프시다더니 괜찮으세요?"라고 묻는 것이 아닌가. 그만큼 조용한 아파트에 큰 소동이 벌어졌던 것이다. 내가 돌아와 인사차 뽈락 선생을 찾아갔을 때, 그는 나를 보며 무척 기뻐했다. 내가 가져간 작은 선물을 받고는 눈물이 글썽일 정도였다. 동네에서 독불장군처럼 외롭게 살아가던 사람에게 주님의 사랑을 조금 나누었을 뿐인데, 이렇게 큰 기쁨으로 받아주니 주님께 감사할 따름이다.

> "주님, 작은 나눔을 통해 주님의 사랑을 전하게 하시니 감사합니다. 제 삶이 언제나 주는 자의 복을 누리며, 이웃과 주님의 은혜를 나누게 하소서."

비를 그치게 하신 주님

> "내가 구하는 날에 주께서 응답하시고 내 영혼에 힘을 주어 나를 강하게 하셨나이다."(시 138:3)

주님께서 오래 전 나에게 행하신 일이 생각나는 것은, 아마도 주님은 그 일을 나만 간직하지 말고, 다른 이들에게도 전하라는 뜻일 것이다.

오래 전, 황 목사님이 베트남의 깡패였던 한 사람이 예수님을 믿고 복음을 전하다가 비가 그친 간증을 하셨는데, 그때도 예전 나의 일이 떠올랐었다.

내가 예수님을 믿은 지 얼마 되지 않았을 때, 얼마간 피자가게를 한 적이 있었다. 이 가게는 조금 특별해서, 매일 아침 10시쯤 가장 큰 피자 40~50판을 만들어 인근 국민학교 앞에서 팔곤 했다. 30분 동안 약 400불 정도의 매출을 올리는, 나름 성공적인 비즈니스였다. 그런데 어느 날 아침, 갑자기 소나기가 쏟아지기 시작했다. 학교로 갈 시간이 다가오는데 비는 점점 더 퍼부어, 만들어놓은 수십 판 피자를 전부 버려야 할 판이었다. '가야 하나, 말아야 하나' 고민하다가 '기도해야겠다'는 마음이 들었다. 지금 생각해보면 주님께서 "이눔아, 기도해라!" 하신 것 같다. 피자 걱정 전에 주님께 기도해야 했는데, 나는 그제야 무릎을 꿇었다.

"주님, 이 피자를 못 팔면 전부 버려야 합니다. 믿고 가보겠습니다. 주님, 비를 그쳐 주세요." 그렇게 학교로 향했는데, 비는 여전히 억수같이 쏟아졌다. 학교 앞에 차를 세우고 아이들이 나오기만을 기다렸는데, 놀라운 일이 일어났다. 휴식시간 종이 울려 아이들이 우르르 나오는 순간, 마치 비가 언제 왔냐는 듯 하늘이 푸르게 맑아진 것이다. 아이들은 달려와 피자를 사갔고, 나는 단숨에 피자를 다 팔았다.

돌아오는 길, "주님, 감사합니다."라는 말이 나왔으나, 그 감사 고백조차 부끄러웠다. 기도할 때는 간절했는데, 응답받은 순간 금세 잊어버리는 내 자신이 너무 작게 느껴졌다.

"주님, 미안합니다. 제가 그런 놈입니다. 용서해 주세요." 그런데도 주님은 바다처럼 넓은 마음으로 나 같은 자의 기도도 들어주시고, 응답해 주셨다. 비를 덤추게 하신 것이다. 그 일은 한 번으로 끝나지 않았다. 비슷한 일이 또 있었던 것을 보면, 주님께서는 나 같은 자는 한 번으로는 부족하다 여기시고, 확실히 보여주신 듯하다. 이런 분을 '아버지'라 부를 수 있는 우리는 얼마나 복된 사람들인가?

> "주님, 간절히 구할 때 들으시는 주님의 은혜를 기억하게 하시고, 응답의 순간에 교만하지 않고 더욱 주님을 경외하며 살게 하옵소서."

말씀 붙잡고 은혜로 걸어온 12년

> "예수께서 그를 보시며 이르시되 사람으로는 할 수 없으나 하나님으로서는 다 하실 수 있느니라."(마 19:26)

내가 사는 통영 아파트를 나서면 아름다운 해변가를 따라 둘레길이 바다 주위로 펼쳐져 있다. 나는 이 길을 걸을 때마다 두 손을 높이 들고 "주님, 감사합니다!"라고 고백하며, 가끔은 주님께 묻는다. "주님, 제가 뭐 잘한 게 있다고 이렇게 대접해 주십니까?"

주님은 아무 말씀도 없으셨지만, 얼마 전 깨달았다. 주님께서는 12년 전 나를 미국에서 한국으로 돌아오게 하셨고, 그 후 아프리카, 러시아, 블라디보스토크, 사할린의 땅에서, 또 여러 아름다운 섬들로 이끄셔서 주님의 종들을 돕게 하셨다. 미처 생각지도 못한 곳들로 나를 보내셨고, 코로나 이후 미국으로 돌아가야 하나 고민하던 찰나, 아파트를 마련해 주셨다. 주님은 '못하실 일이 없으신 분'이시다. 아마도 주님께서 아직 나를 통해 이곳에서 하시고자 하는 계획이 있으신가 보다. 천지를 창조하신, 능치 못하심이 없으신 주님을 믿고 그분을 신뢰하며 한국에서 살아온 지난 12년을 돌아본다. 어떤 사람에게 잘못한 일이 있어 미안하다고 해야 하는데, 망설이다가 어렵게 발걸음을 옮기면 신기하게도 쉽게 풀리는 경험을 하곤 했다. 이제는 그 일들 역시 주님께서 하신 것임을 알게 되었다. 물질이 부족할 때마다 채워주신 것도, 은혜였다. 어렴풋이 느끼던 은혜가 이제는 확실히 보인다. 잊고 지내다가도 주님께 또 묻는다. "주님, 왜 이렇게 저에게 잘해 주십니까? 주님께 잘한 것도 없는데요." 어쩌면 12년 전 아무 계획 없이 "주님만 믿고 떠납니다."라고 했던 나를 보시고, "이것이 네가 나를 믿는 믿음이구나." 하셨던 것 같다. 지금 다시 그때처럼 떠나라고 하신다면 그때처럼 무작정 떠날 수는 없을 것 같으니, 정해진 것 없이 나를 가게 하신 것도 주님의 계획이셨으리라.

지금까지 걸어온 내 삶을 돌아보며 깨달은 것은, 주님께서 기뻐하시는 일이라면 그분을 믿고 먼저 발을 내디디는 순종을 주님은 '믿음'이라 여겨주시고 기뻐하신다는 것이다. 주님은 요한복음 11장 40절에서 말씀하셨다. "내 말이 네가 믿으면 하나님의 영광을 보리라 하지 아니하였느냐." 주님은 나의 작은 믿음을 보시고, 믿음으로 떠난 나에게 주님의 영광을 보게 하셨다. "주님, 감사합니다. 모든 것이 주님의 은혜입니다." 나는 오늘도 통영 해변가를 걸으며, 두 손을 높이 들어 고백한다.

> "주님, 저의 지난 12년을 인도해 주시고, 작은 믿음에도 주님의 영광을 보게 하시니 감사합니다. 앞으로도 주님 기뻐하시는 길에서 주님 이름만 높이는 종이 되게 하소서."

주님 음성에 귀 기울이며

> "하나님의 말씀은 살아 있고 활력이 있어 좌우에 날선 어떤 검보다도 예리하여 혼과 영과 및 관절과 골수를 찔러 쪼개기까지 하며 또 마음의 생각과 뜻을 감찰하나니."(히 4:12)

주님께서 오래 전에 나에게 특별한 은혜를 베풀어 주셨다. 교회를 오래 다니고 충성한다 해도 그대로인 경우가 많지만, 진실로 하나님을 만나면 변하는 것은 확실하다. 나는 하나님을 만나는 세 가지 길이 있다고 믿는다.

첫째, 하나님이 먼저 찾아오시는 경우다. 아브라함, 모세, 바울처럼 주님께서 친히 찾아오셨을 때, 그들의 삶은 완전히 바뀌었다.

둘째, 우리가 간절히 찾고 구할 때 만나 주신다. 금식과 기도로 주님을 찾는 길이지만, 자칫 방향을 잃기도 쉽다. 능력과 은사를 받고도 잘못된 길로 빠지는 경우가 많다.

셋째, 말씀을 통해 주님을 만나는 길이다. 요한복음 7장 17절은 이렇게 말씀하신다. "너희가 하나님의 뜻을 행하려 하면 이 교훈이 하나님께로부터 왔는지, 내가 스스로 말함인지 알리라."

주님은 나를 말씀으로 찾아오셨다. 말씀에는 엄청난 능력이 있으며, 말씀은 곧 하나님이심을(요 1:1) 깨닫게 하셨다. 그 사건은 교회 찬양대에서 일어났다. 악기를 다룰 사람이 없어, 한 번도 해본 적 없는 베이스 기타를 배우겠다고 자원했다. 겨우 코드를 익혀 수요예배에 참여했는데, 몇 번 후 찬양대 리더가 나를 브며 이렇게 말했다.

"집사님을 보면 은혜가 안 됩니다."

그 말을 들은 후 마음이 불편하고 화가 나서 교회를 옮기고 싶다는 생각까지 했다. 그러나 주님은 말씀으로 나를 다스리셨다. 어느 날 밤, 주님께서 내 마음 깊은 곳에 분명히 말씀하셨다. "누가복음 6장 35절을 보아라." 성경을 펼치니 이렇게 기록되어 있었다. "오직 너희는 원수를 사랑하고 선대하며 아무것도 바라지 말고 꾸어 주라. 그리하면 너희 상이 클 것이요 또 지극히 높으신 이의 아들이 되리니, 그는 은혜를 모르는 자와 악한 자에게도 인자하시니라."

며칠 후, 그 집사님이 우리 집에 무언가를 빌리러 왔다. 그 순간 그 말씀이 떠올랐고, "보혜사 성령께서 말씀을 생각나게 하시리라"(요 14:26)는 주님의 약속이 그대로 이루어졌다. 나는 마음속으로 이렇게 고백했다. "주님, 제가 원수까지는 아니어도 그분을 사랑할 수는 없지만, 그래도 제가 좋아하는 것을 드리겠습니다."

그 순간 마음속 분노가 사라지고, 오히려 그분을 위해 기도하게 되었다. 그 후로도 주님은 말씀을 통해 나를 계속 다스리셨고, 나는 확신하게 되었다. "하나님의 말씀은 살아 있고 능력이 있다." "말씀은 모든 것을 변화시킬 수 있다."

나는 말씀대로 살아가는 삶을 진지하게 고민하고 기도하기 시작했다. 시편 1편은 "주의 말씀을 주야로 묵상하는 자가 복 있는 자"라 한다. 왜 묵상이 복인가? 묵상이란 말씀을 내 귀에 들릴 정도로 소리 내어 읽는 것이다. "믿음은 들음에서 나며, 들음은 그리스도의 말씀으로 말미암느니라."(롬 10:17)

말씀을 들을 때 믿음이 생긴다. 신명기 30장 14절은 내게 특별했다.

"오직 그 말씀이 네게 매우 가까워서 네 입에 있으며 네 마음에 있은즉 네가 이를 행할 수 있느니라."

말씀이 입과 마음에 있으면 행할 수 있다! 나는 말씀을 손바닥에, 벽에, 문에 써 붙이고 읽었다. 신명기 6장 말씀처럼 집에 앉았을 때나 길을 갈 때나 누울 때나 일어날 때마다 말씀을 마음에 새기고자 했다. 그러나 우리는 세상의 가치와 정반대이기 때문에 말씀대로 살기 어렵다. 그래서 성령님의 도우심이 반드시 필요하다.

나는 직장에서 "구하는 자에게 주라"(마5:42)는 말씀대로 행동했을 때, 더 좋은 것을 얻는 주님의 은혜를 경험했다. 주님의 말씀에 순종하면 절대 손해 보지 않는다.

"너희 빛이 사람 앞에 비치게 하여, 그들로 너희 착한 행실을 보고 하늘에 계신 너희 아버지께 영광을 돌리게 하라."(마5:16) 나는 "말씀대로 살지 않고는 천국에 들어갈 수 없다."(마 19:17, 요 8:51)는 것을 깨달으며, 주님께서 마지막 음성은 "깨어 있으라!"를 듣는다. 주님의 말씀은 나를 살리셨고 나를 변화시키셨다. 그 은혜로 나는 외로운 자들을 위로하고 힘든 곳을 섬길 수 있었다. 이 모든 것이 주님의 은혜다.

> "주님, 연약한 저를 말씀으로 만나 주시고 변화시켜 주셔서 감사합니다. 주님의 음성을 듣게 하시고, 순종할 수 있는 믿음을 주셔서 참된 자유와 기쁨을 누리게 하시니 감사합니다. 제 삶이 언제나 말씀에 순종하는 증거가 되게 하시고, 저를 통해 다른 이들도 주님의 사랑과 진리를 경험하게 하옵소서. 주님 앞에 서는 그날까지 말씀 안에 살게 하시고 성령님과 동행하게 하소서. 예수님의 이름으로 기도드립니다. 아멘."

Global Bride Ministries(GBM) 사역

📖 마이클 박 목사의 신부 사역

> "우리가 즐거워하고 크게 기뻐하며 그에게 영광을 돌리세 어린 양의 혼인 기약이 이르렀고 그 아내가 자신을 준비하였으므로."(계 19:7)

형님 되시는 마이클 박 목사는 올해 82세시다. 현재 파킨슨병으로 지팡이에 의지해야 걸을 수 있지만, 오늘도 사역의 열정을 품고 걸어가고 있다. 박 목사님은 1970년 미국으로 유학하여 콜롬비아 대학원을 졸업하고 보잉사에서 NASA와 함께 국제우주정거장을 만드는 엔지니어로 30년 이상 근무하였다. 그러나 9·11 테러 사건은 그의 인생을 송두리째 바꾸어 놓았고, 과학과 기술로 세운 탑이 한순간에 무너지는 모습을 보면서 세상의 영광이 한순간에 무너질 수 있음을 뼈저리게 깨달았다. 그는 그 충격 속에서 60세에 항공우주 엔지니어의 길을 내려놓고 하나님께서 주시는 강력한 부르심 앞에 무릎 꿇고, 목회자의 길을 가기로 결단하였다. 신랑 되신 예수님을 사모하며 기다리는 신부의 마음으로 로스앤젤레스에서 Global Bride Church를 개척하였고, 은퇴 후에는 러시아의 블라디보스톡과 사할린, 아프리카의 에티오피아와 탄자니아까지 나아가 하나님이 맡기신 사명을 감당하였다. 하나님께서는 마지막 때에 아프리카, 특히 동아프리카

지역을 크게 사용하시겠다는 비전을 주셨고, 목사님은 그 부르심에 순종하며 사역하였다.

AMI 선교교회로 시작한 GBM은 2018년 신부교회에서 은퇴한 후에도 선교를 통해 주님의 심부름을 충성스럽게 감당하고 있다. 마이클 목사님과 동생 박성배, 그리고 나, 이렇게 세 형제가 처음 선교 여행을 떠난 곳은 중앙아메리카의 작은 나라 엘살바도르였다. 그곳에서 박 목사님은 마리오 리베라 목사와 함께 배우며 복음을 전하고 기도하며 변화되는 현지 사람들의 모습을 보고 기뻐하였다. 그 후 주님께서 길을 넓혀 주셔서 온두라스와 코스타리카, 남아메리카의 페루와 칠레까지 복음 전하는 사역을 이어가게 하셨다.

'숨겨진 요셉의 창고' 비전

> "요셉이 곡식을 모아 각 성에 저장하되 각 성 주위의 밭의 곡식을 그 성 안에 저장하매 요셉이 곡식을 바다의 모래 같이 심히 많아 세기를 그쳤으니 그 수가 한이 없음이었더라."(창 41:48-49)

주님은 박 목사님을 통해 아프리카의 케냐와 탄자니아, 르완다, 그리고 무슬림 국가인 파키스탄까지 사역의 지경을 확장해 주셨다. 현지 목사들과 함께 기도책을 번역하여 배포하고 기도팀을 세우며, 그들의 삶이 변화되는 모습을 함께 기뻐하며 주님께 감사하였다. 에티오피아에서는 1200명이 동시에 침례를 받는 기적이 있었다.

현재 박 목사님은 사역을 정리하여 엘살바도르의 마리오 목사와 라몬 토바르 목사, 파키스탄의 사르와르 마시 목사, 탄자니아의 피터 목사, 에티오피아의 샘슨 목사와 같은 동역자들과 함께하며 '숨겨진 요셉의 창고'라는 비전을 품고 기도의 용사들을 세우며 유기농업을 가르치고 실습하며 미래를 준비하고 있다 요셉의 창고는 미래의 어려움을 믿음과 지혜로 대비하여 공동체를 살리는 영적·물적 준비이자, 청지기 정신으로 위기 때 생명을 살리는 비전이다. 황폐한 땅과 가난과 기근이 대물림되는 아프리카에서 박 목사님은 유기농업을 가르치며 사역을 이어가고 있다. 복음이 들어갔으나 기아 문제로 절망하는 현지 목회자들과 농민들에게 저비용 유기농 농사법을 가르치고, 싸고 질 좋은 천연 유기농 비료를 개발하여 보급함으로써 삶을 살리는 길을 열고 있다.

탄자니아에서는 가장 한 명이 일자리를 얻으면 12명의 가족이 생계를 유지할 수 있다. 박 목사님은 유기농 비료 생산공장을 세워 일자리를 창출하고, 삶의 질을 높였으며, 나아가 인근 국가들까지 수출하여 아프리카 농업의 혁신을 이루고자 하였다. 하나님께서 예비하신 '숨겨진 요셉의 창고'를 발견하였을 때 그는 확신을 얻었고, 그 사역은 다큐멘터리「숨겨진 요셉의 창고」로 제작되어 아프리카와 한국 교계에 큰 감동을 주고 있다.

병약한 몸을 이끌고 아프리카 영혼을 향한 사랑으로 헌신하는 마이클 박 목사님은 믿음의 사람이 어떠한지를 몸소 보여주고 있다. 미국 내 믿음의 친구들과 교제하며, 소수의 정예 중보기도팀들이 매일 모여 열방과 이스라엘, 미국과 한국, 그리고 북한과 세계 여러 선교지를 붙들고 간절히 기도하고 있다. 그들의 기도는 땅끝까지 복음이 전파되게 하는 보이지 않는 힘이며, 하나님의 나라가 확장되는 가장 중요한 영적 무기이다.

> "마이클 박 목사님의 '숨겨진 요셉의 창고'의 비전이 온 열방에 흘러가게 하시고, 영혼과 육신이 복음을 통해 살아나게 하옵소서. 끝까지 달려갈 때 주님 앞에서 칭찬과 위로를 얻게 하소서."

이 땅에도 저 섬에도 흘러가는 복음

> "나의 사랑하는 자가 내게 말하여 이르기를 나의 사랑, 나의 어여쁜 자야 일어나서 함께 가자 겨울도 지나고 비도 그쳤고"(아 2:10-11)

그동안 이름 없는 GBM 사역이 이렇게 하나님의 크신 일을 감당할 수 있었던 것은, 인터넷으로 연결되어 날마다 중보한 무명의 기도 동역자들과, 편지를 통해 선교헌금으로 함께한 이들의 헌신이 없었다면 불가능했다.

이 귀한 사역이 이어지기 위해서는 더 많은 기도가 필요하다. 파킨슨병과 싸우며 병든 몸을 내어 드리는 목사님의 삶을 주님께서 붙들어 주셔야 한다. 또한 아프리카 땅에서 기근과 가난으로 신음하는 이들에게 복음을 전하고 먹을 것을 나누기 위해서는 교회와 성도들의 지속적인 후원과 중보가 절실하다. 한 줌의 기도가 생명을 살리고, 작은 헌신이 민족을 변화시킬 수 있다.

한국교회와 미국교회, 그리고 세계 성도들의 마음이 하나 되어 이 사역을 붙들어 줄 때, 하나님께서 마지막 때에 아프리카를 새롭게 하시겠다는 비전이 반드시 성취될 것이다. 오늘도 하나님은 요셉을 통해 애굽과 열방을 살리셨듯, 이 시대에 마이클 박 목사님을 통해 요셉의 창고를 열어 민족과 세대를 살리고 계신다.

내가 《이 땅에서도 저 섬에서도》를 저술한 이유는, 하나님께서 평생을 선교로 드린 종들을 통해 어떻게 교회를 세우고 영혼을 살리셨는지를 증언하기 위함이다. 그 증언이 오늘 우리의 삶에 도전이 되고, 내일의 교회에 기도의 불씨가 되기를 소망한다.

"주님, 어린 양의 혼인 잔치를 준비하는 신부로 우리를 부르신 은혜를 찬양합니다. 파킨슨병과 싸우며 병든 몸을 주님께 드리는 마이클 박 목사님과 저희 형제들의 사역을 붙들어 주시고, 저희들의 삶이 요셉의 창고와 같이 수많은 영혼을 살리는 도구가 되게 하소서. 아프리카의 땅과 민족 가운데 여전히 기근과 가난으로 눈물 흘리는 이들에게 복음이 능력이 되어 희망을 일으키게 하시고, 교회와 성도들의 기도와 헌신이 모여 민족과 세대를 변화시키는 도화선이 되게 하소서. 주님, 이 귀한 사역이 끊어지지 않도록 한국교회와 미국교회, 그리고 세계 모든 교회를 일으켜 주시고, 열방의 성도들이 이 부르심에 동참하게 하옵소서. 작은 기도 하나, 작은 헌신 하나가 영원한 하나님의 나라에 심겨져 수많은 열매로 맺히게 하시고, 마지막 날 주님 앞에서 '잘하였다 착하고 충성된 종아'라는 칭찬을 함께 듣게 하옵소서. 아멘."

마이클 박 목사님 부부

Global Bride Ministeries 연락처

후원 안내

※ 한국 내 선교 후원

후원자명: Michael C. Park

은행명: 국민은행

계좌번호: 205502-04-475849

※ 미국 내 선교 후원

단체명: Global Bride Ministries

Paypal: globalbrideministry@gmail.com

은행명: Woori America Bank

SWIFT Code: HVBKUS3N

Account Number: 1707001689

은행 주소: 6940 Beach Blvd. Suite D-124, Buena Park, Calif 90621 USA

※ 교회 및 목회자 연락처

교회명: Bride Church (Global Bride Ministries)

담임목사: 박마이클 목사 (Pastor Michael Park)

주소: 1500 W. Elm Ave., Anaheim, CA 92802 U.S.A.

연락처 : +1-714-625-9014

카카오톡 ID: Bridechurch

홈페이지: www.gbmchurch.net

이메일: amiparkmichael@gmail.com

"그러므로 내 사랑하는 형제들아 견실하며 흔들리지 말고 항상 주의 일에 더욱 힘쓰는 자들이 되라 이는 너희 수고가 주 안에서 헛되지 않은 줄 앎이라."(고전 15:58)

에필로그

은혜의 통로로 세워주신 박보영 목사님

> "그러므로 나의 사랑하는 형제들아 견실하며 흔들리지 말고 항상 주의 일에 더욱 힘쓰는 자들이 되라 이는 너희 수고가 주 안에서 헛되지 않은 줄 앎이라."(고전 15:58)

하나님께서는 언제나 가장 필요한 순간에, 가장 알맞은 사람을 보내주신다. 나의 사역 여정 속에서 주님은 앞서 이야기한 미국 GBM의 마이클 박 목사님과 인천 방주교회 박보영 목사님을 통해 그렇게 역사하셨다.

박보영 목사님은 잘 나가던 피부과 전문의로 39년 동안 화려한 삶을 살다가 예수님을 만나 거듭난 후 전혀 다른 길을 걸으셨다. 가진 재산을 모두 팔아 가난한 이웃에게 나누어 주고, 단돈 20만 원만 가지고 영등포의 좁은 쪽방으로 들어갔다. 비록 방은 작았지만, 예수님과 성령님이 함께하심으로 그곳은 천국과도 같은 기쁨이 넘쳤다. 목회자의 가정에서 태어나 부모님 또한 목사님이셨던 그는, 하나님의 부르심 앞에 삶을 온전히 드려 노숙자와 버려진 아이들을 수십 년 돌보며 살아왔다.

내가 처음 박 목사님을 만났을 때도 그곳에는 20명 가까운 아이들이 함께 살고 있었다. 놀랍게도 그 아이들 중 다수가 자라서 신학교에 진학했고, 목회의 길로 나아가고 있다. 이는 박 목사님의 삶이 단순한 구호나 봉사가 아니라, 진정한 복음의 거듭남과 열매임을 증거한다.

박 목사님은 구원을 받았다면 하나님의 자녀답게 살아야 하고, 구원을 원한다면 말씀대로 살아야 한다고 강조하신다. 한국 교회의 부흥과 영적 회복을 위해 헌신하며 수많은 집회와 기도운동을 이끌고 계신 그는, 특히 작은 교회와 낙도의 섬

교회들을 품고 기도하며 위로해 주신다. 나 또한 섬 사역 중 부족하고 외로웠을 때, 박 목사님을 통해 주님의 위로를 받았다. 목사님의 물질적 도움, 기도의 후원, 따뜻한 격려가 없었다면, 내가 통영의 여러 섬에서 복음을 전하고 은퇴 목회자들을 섬기는 사역을 이어가기 어려웠을 것이다. 박 목사님을 통한 주님의 도우심은, 작은 교회와 외로운 섬마다 주님의 생명의 불을 다시 밝히시는 놀라운 은혜의 역사였다.

이제 책의 마지막 장을 마무리하며, 모든 영광을 하나님께 올려드린다. 은혜의 통로가 되어주신 미국의 마이클 박 목사님과 한국의 박보영 목사님께 깊은 존경과 감사를 드린다. 하나님께서 두 분의 남은 생애 또한 복음으로 가득 채우시고, 수많은 영혼을 주 앞으로 인도하는 귀한 열매로 빛나게 하시기를 기도드린다.

> 주님, 언제나 가장 필요한 순간에 가장 알맞은 사람을 보내 주시는 하나님의 신실하심을 찬양합니다. 저의 사역 여정 속에 은혜의 통로로 세워주신 마이클 박 목사님과 박보영 목사님을 통해 주님의 손길을 경험하게 하셨음을 감사합니다.
> 주님, 그분들의 헌신과 사랑은 수많은 영혼과 작은 교회, 외로운 섬들에 복음의 불씨를 다시 일으키는 하나님의 역사였음을 고백합니다. 가난한 이웃과 버려진 아이들을 품으시고, 작은 교회들을 위로하며 세우신 그 삶이 주님 앞에 향기로운 제물이 되게 하소서. 두 분의 남은 생애 또한 복음으로 가득 채워 주시고, 영혼을 살리는 도구로 끝까지 사용하여 주소서. 그들의 기도가 땅 끝까지 흘러가게 하시고, 그들의 눈물과 땀이 천국의 영광으로 변하여 수많은 영혼이 주 앞으로 나아오게 하소서.
> 주님, 저 또한 그 믿음의 길을 본받아, 남은 삶이 주님의 영광을 위해 쓰임 받는 도구가 되게 하소서. 작은 섬에서, 이름 없는 교회에서, 외로운 종들의 눈물을 닦아주는 그 사역에 제 삶을 온전히 드리게 하소서. 마지막 호흡이 있는 날까지 주님의 나라와 복음을 위해 살다가, 주님 품에 안기는 날 "착하고 충성된 종아"라는 칭찬을 받는 자 되게 하옵소서. 예수 그리스도의 이름으로 기도드립니다. 아멘.

선교지 사역의 현장

러시아 사할린 선교지에서

러시아 하롤 극동선교센터 앞 마이클 박 목사님

러시아 하롤 극동선교센터

사할린 한인 희생자 위령비

러시아 사할린에 서있는 고려인 위령탑

블라디보스톡 하롤 교회에서 말씀 전하는 마이클 박 목사와 박행이 고려인 통역사

에티오피아 선교지에서

삼손 목사님 부부 박성배 장로와
에티오피아 재향군인 방문

에티오피아 재향군인 방문 박성배 장로와

한국전 참전 에티오피아 기념탑

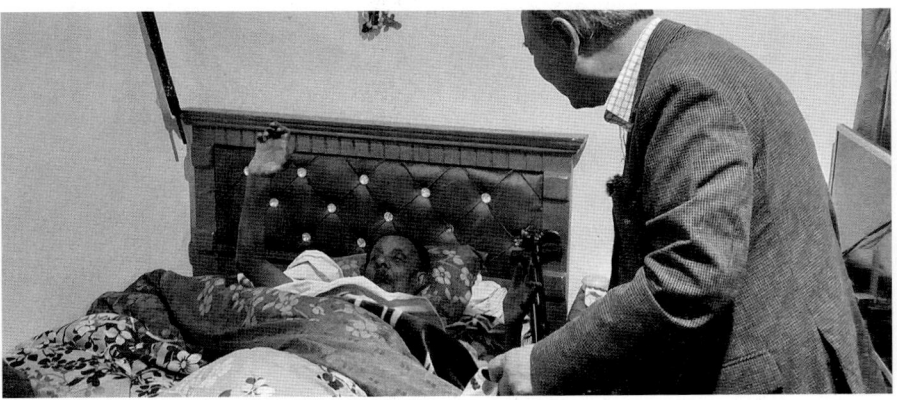
재향군인 위로하는 마이클 박 목사님

에티오피아 재향군인과 한국에 간호사로 왔던 분, 삼손 목사와 마이클 박 목사

박 목사님 삼손 목사와 침례식 후 성경책 나눔

한 번에 1200명까지 받는 침례식

침례식

침례식 후 박명숙 선교사와

침례식

에티오피아 침례식을 인도할 목회자와 침례받을 성도들

에티오피아 침례식

에티오피아 침례식후 성경책을 받고

기쁨으로 침례식에 참여하는 성도들

24대 버스로 나눠 타고 침례 받으러 온 사람들

침례식 장면

침례 받으러 온 사람들

에티오피아 침례식 후에 성경책 나눔

침례식 후 기뻐하는 사람과 귀신 나가는 장면을 보는 사람들

Bread of Life
Bakery Shop Open 기념식장 앞에 박성배 장로와

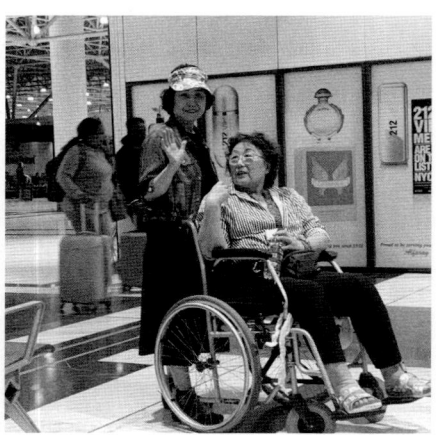

발이 아파도 아프리카로

Bread of Life 기념식장에서

Susan의 T shirt 입은 모습

박명숙 선교사와 원지샤워 타가노 목사님을 기쁨으로 맞는 학생들

박명숙 선교사 원지샤워 학교 방문

탄자니아 선교지에서

박명숙 선교사 탄자니아 고아원 방문

조은주 전도사와 박명숙 선교사 툭툭이 타고 장보러 가기
(요금 500원)

마이클 박 목사님 탄자니아 고아원 방문

마이클 박 목사님, 피터 목사님과 그곳 원로 목사님

GBM 선교센터 이 화백 조은주 전도사, 박 사모님, 원장님, 박명숙 선교사

마이클 박 목사 설교와 스와일리어로 통역하는 피터 목사

탄자니아 토담교회 집회를 마치고 이 화백과

마사이족 추장과 박성배 장로

탄자니아 우쉬리카 와니마 교회 박 목사님 설교
움라이 목사님 통역

탄자니아 모시에 있는 GBM 선교센터

탄자니아 카해 고아원 Martha 원장 슬리핑백 전달

탄자니아 무섭게 생긴 바우바우 나무

박명숙 선교사와 조전도서님 우룽고로 사파리 여행

탄자니아 우리가 가끔 가는 유니온 카페

6000m의 킬리만자로 만년설 산

주님이 맺어주신 아름다운 삶

2024년 10월 하나님 품에 안긴 아내 박명숙 선교사

2023년 한국을 방문한 식구들과 남산에서

박명숙 선교사와 통영에서

선교지 사역의 현장

손주들과 함께

2024년 10월 하나님 품에 안긴 아내 박명숙 선교사

오래 전 유럽 여행 중

섬 교회들과 믿음의 동역자들

흑일도를 방문하신 김영원 선교사님 부부

죽도교회 식구들과 김현범 집사님

도산교회 김용진 목사님과 사모님

도산교회 베짱이 할아버지

도산교회 집회 후

도산교회 이 화백과 할아버지, 안규범 목사님

벚꽃이 아름다운 도산교회

보길도 동광교회

보길도 동광교회

마삭도 교회

이 화백, 흑일도 정태모 집사님, 베드로 장로님과 최전도사님과

마삭도 교회 지붕 수리

베데스다 교회 박기남 목사님, 수정이, 소영이

사량도 100년이 넘은 사량제일교회

엘림교회 이영엽 목사님과 조은주 전도사님, 이화백과 지나

베데스다 교회 식구들과 항상 맛있고 행복한 밥상

베데스다 교회 식구들과 박성배 장로

연대도 산성교회 김치관 목사님 부부

유부도 갈릴리 교회 김광수 목사님 부부

항상 행복하고 즐거운 지나

베데스다 교회 찬양팀

베데스다 교회를 방문한 마이클 박 목사

베데스다 교회 이화백과 함께

베데스다 교회 행복한 정미, 수정이, 소영이

죽도교회

죽도교회 구 사모님과 주희와

죽도교회 목사님과 사모님

죽도교회 사랑하는 믿음의 형제들과

죽도교회

항상 기쁘고 행복한 지나와 함께

지나 사랑이 지극한 최전도사님과 지나

베드로 장로, 정태모 집사, 이 화백과 흑일도에서

선교지 사역의 현장 231

미국에 오면 예배 드리는 마이클 박 목사 교회에서 삼형제와 형수

흑일도 사랑이 넘치는 교회 예배 후 최경숙 전도사, 정태모 집사와

아름답고도 외로운 섬들의 모습

갈매기와 친구하는 박명숙 선교사

땅끝마을에서

멀리 보이는 흑일도 교회

흑일도에 픽업을 보내주신 주님께 감사기도

태풍으로 배가 안 오는데 주님께서 갑자기 배를 보내주셔서,
이화백과 지나, 나 셋만 배를 타고 흑일도로 향하는 기적의 시간

죽도

보길도 동광교회 변상호 목사님

죽도

선교지 사역의 현장

이 땅에서도 저 섬에서도

발행일 · 2025년 9월 18일
초판 1쇄 · 2025년 9월 18일

지은이 · 박문규
발행인 · 김영란
발행처 · 북산책

주소 · 경기도 파주시 교하읍 문발리 513-5
한국 · (010) 4823-2320
미국 · 1-408-515-5628
이메일 · 4mybook@gmail.com
ISBN 978-89-94728-50-6(03230)

---

*잘못된 책은 구입처에서 교환해 드립니다.